济大社会学丛书

山东省社科理论重点研究基地（济南大学）"新时代社会治理与政策创新"研究基地成果
山东省高等学校青创人才引育计划"新时代社会治理与社会政策创新团队"成果

生育
与女性职业流动

FERTILITY
AND WOMEN'S OCCUPATIONAL MOBILITY

张　银／著

社会科学文献出版社
SOCIAL SCIENCES ACADEMIC PRESS (CHINA)

前　言

职业流动，是指同一代中个体现职地位与初职地位的差异，个体在职业生涯周期内职业地位变化的过程构成了职业流动经历。一直以来，女性都是育儿责任的主要承担者，由生育带来的照料负担、经济负担、工作与家庭冲突等问题，会影响女性的就业参与，如何消除生育对女性就业的不利影响、保障女性平等就业权利、促进工作与家庭的平衡，是我国社会亟待研究和解决的重要现实问题。

在对国内外相关文献进行系统梳理、总结和分析的基础上，本书明确了研究问题与研究视角。基于第三期中国妇女社会地位调查的相关数据，以及实地调研资料，采用定量研究和质性研究相结合的研究方法，从过程分析的视角，深入探讨了生育行为对女性职业中断经历、职业地位获得与职业流动方向的影响，以及女性职业流动的心路历程和面临的现实困境。

数据分析结果表明，城镇女性生育后的职业流动具有如下特征：（1）女性主要因家庭责任而中断职业，中断职业比例高，中断时间长。因生育中断就业的女性中，生育二孩和有学龄前儿童的人员占比较高，常面临较为沉重的家务劳动负担，普遍缺少生育保障和照料支持。（2）生育后重返职场并在体制外就业的女性所占比重较高，不在业女性比例较高，求职途径呈现多样化特点，行业分布以商业服务业为主，职位层次相对较低，职业发展空间受到挤压，常会遭遇"母亲收入惩罚"，社会保障的覆盖率有待进一步提高，职业福利供给量相对较少，覆盖范围狭窄。（3）生育后职业流动方向以水平流动为主，更换工作人员所占比例较低。职业中断经历对女性职业流动有着较大影响，职业晋升中的"玻璃天花板"效应较为普遍。

通过进一步的实证分析，有如下几点发现。

第一，退出职场：生育增加职业中断经历。模型估计结果显示，对于有 6 岁及以下学龄前子女的女性来说，生育显著提高了其职业中断发生的风险，但是这一风险会通过较高的人力资本水平、工作特征、照料支持、生育政策支持等而有所减弱，其中，人力资本因素始终是一个强有力的解释变量。当将子女的年龄扩大至 12 岁及以下时，研究结果仍具有较强的稳健性，家庭中有 12 岁及以下子女的女性，其职业中断经历发生的风险显著增加了。对于有 2 个孩子的女性来说，在加入控制变量后，生育对其职业中断的影响未通过显著性检验，但反映了当前社会中的一些现实问题，即生育二孩带来的经济压力、时间压力和照料压力，可能会对女性的职业发展规划产生一定的影响。

第二，重返职场：生育影响现职获得。模型估计结果显示，子女年龄和子女数量对女性就业方式选择均具有显著正向影响。相对于体制内就业而言，有 3 岁及以下婴幼儿的女性选择体制外就业和不就业的发生率均高于没有 3 岁及以下子女的女性，有 2 个孩子的女性选择体制外就业和不就业的发生率也均高于有 1 个孩子的女性。当将子女年龄扩大至 6 岁及以下时，这一结果仍具有较强的稳健性。这些影响会通过女性较高的人力资本水平、工作特征和生育政策支持而有所减弱。同时，有 3 岁及以下婴幼儿的女性对其现职地位的获得产生了显著负向影响。同时，这一负向影响会通过女性较高的人力资本水平、工作特征与婴幼儿照料支持而有所减弱，也会因女性生育中断就业的经历以及家务劳动时间的增加而有所增强。其中，人力资本因素仍是一个强有力的解释变量，而婴幼儿照料支持对于缓解女性的工作－家庭冲突也起到了非常重要的作用。

第三，重返职场后的职业流动状况：生育影响职业流动方向。模型估计结果显示，相对于向上职业流动来说，有 3 岁及以下子女增加了女性职业向下流动的风险，这一影响会因职业中断经历、家务劳动时间增加等而有所提升，也会因女性的党员身份、更换工作情况、配偶收入、性别角色观念等而有所减弱。同时，有 2 个孩子的女性增加了其职业水平流动的概率，这一影响会因技术职称拥有情况和婴幼儿照料支持而有所增强，也会因家务劳动时间增加、有过因生育而中断职业经历、更换过工作等而产生一定的抑制作用。当将子女的年龄扩大至 6 岁及以下时，研究结论仍基本一致，说明研究结果具有较强的稳健性。

第四，全职妈妈、兼职工作的母亲和全职工作的母亲有着各自独特的职业流动心路历程。对全职妈妈来说，其中断前的职业大多属于体制外就业，其职业流动更容易受到婚育因素的影响，职业发展规划一定是首先考虑家庭，甚至"屈从"于家庭的安排，大多希望在孩子"入园"以后重返职场，未来的职业选择期望还是以家庭为重心，希望能寻找一份兼顾家庭与事业、相对比较自由的工作，但是对于重返职场的焦虑感较强。对兼职工作的母亲来说，她们大多以灵活就业为主，实现了在母职与就业之间的"沉着"应对，当然家庭成员也提供了较多的照料支持，包括帮助料理家务、照顾孩子生活起居、接送孩子等。全职工作的母亲大多属于体制内就业，产假后一般立即重返劳动力市场，育儿与就业难题主要是利用家庭内部资源进行协调，特别是老人的鼎力相助，提供了最大的经济支持和照料支持，并与丈夫一起共担育儿责任。三类群体目前面临的共同现实困境包括生育责任的女性化、生育责任的家庭化与就业中的性别歧视等。

生育和抚育子女不仅仅是个人和家庭的责任，更是国家和社会的责任，要保障女性的生育权和平等就业权，减轻家庭责任和就业赋予女性的双重负担，实现工作 - 家庭平衡，降低职业中断和职业向下流动的风险，需要政府、市场、社会、家庭等多方力量共同参与、协商与合作，促进男女性别观念的现代转型，营造和谐平等的性别文化，将社会性别意识纳入决策主流，建构具有社会性别敏感性的社会政策支持和服务体系。

目录
CONTENTS

第一章

导　论

本书在导论部分主要完成如下任务：提出研究问题，进行文献综述，界定相关概念，确定理论基础，在此基础上建构本书的分析框架与基本结构，并简要介绍各章的主要任务。

第一节　问题的提出

一　研究背景

职业流动是指同一代中个体现职地位与初职地位的差异，个体在职业生涯周期内职业地位变化的过程构成了职业流动经历。一般而言，职业流动可以发生在个体职业生涯历程中的任何时间，然而，对女性来说，其职业流动常常与生育事件紧密相联（Omori，2003）。生育被作为一个重要的影响因素来看待，原因在于，生育和抚育子女是女性生命周期中的重大事件，而生命历程理论强调，个体早期经历的事件会影响其以后的生活机会选择（Elder，1998）。因此，本书假定，与男性相比，女性职业流动更易受到生育经历的影响。

继 2013 年中共十八届三中全会做出实施"单独二孩"政策的决定两年后,2015 年 10 月 29 日,中共十八届五中全会又做出了"全面实施一对夫妇可生育两个孩子政策"的决定。2021 年,为进一步优化生育政策,开始实施一对夫妻可以生育三个孩子政策。这一重大的生育政策调整,再次引起了全社会的普遍关注。一直以来,女性都是生育和养育子女责任的主要承担者,从"一孩"到"单独二孩",到"全面二孩",再到"全面三孩",女性的生育行为,及由生育带来的照料负担、经济负担、工作与家庭冲突等问题,是否会影响女性就业过程中的职业选择、职业地位的获得以及职业流动,如何消除生育行为对女性就业的不利影响、保障女性平等就业权利、促进工作与家庭的平衡,都是亟待研究和解决的问题。因此,在这一政策背景下,理性、深入地探讨城镇女性的生育与职业流动问题,有着更为重要的现实意义。

1. 女性劳动参与率提高,职业选择空间拓展,职业流动机会增加,但与男性相比仍然存在较大差异

经济参与是女性平等地享有经济利益、获得经济地位的前提和基础(宋秀岩,2013)。自 20 世纪 90 年代以来,在全世界范围内,随着经济的发展、女性受教育程度的提高、生育率的下降,女性进入劳动力市场拥有了更多的机会和条件。女性就业率在发达国家上升的一个重要原因就是已婚女性和母亲的劳动参与,而且有越来越多的女性获得利润丰厚、地位较高的管理型岗位 (Mandel & Semyonov,2006)。但与男性相比,女性在就业参与率、收入水平等方面都处于相对弱势地位。以欧盟 27 国为例,2006 年,年龄在 25~49 岁且无子女的女性的就业率为 76.0%,而相同年龄段育有子女的女性的就业率为 62.4%;相比较而言,男性就业率在他们育有孩子之后上升至 91.4%;从收入来看,2009 年,欧盟 27 国男女之间的收入差距达到了 17.0% (苏美尔,2014)。造成这些差异的原因之一,就是男性与女性之间的有薪与无薪工作的传统分配模式,女性通常比男性花费更多的时间在家庭事务上。

在我国,女性一直都维持着较高的劳动力市场参与率。改革开放40多年来,经济市场化、就业机制的灵活化,尤其是近年来"互联网+"催生的数字经济与平台经济的蓬勃发展,增加了女性自主选择职业的机会,为个体的职业获得与流动提供了广阔的空间。但是,在20世纪90年代以后,我国城镇女性的劳动参与率出现了明显下降的趋势。学者根据全国人口普查数据计算的结果显示,1990年,城镇劳动适龄女性的劳动参与率为85.25%,到2000年降至74.87%,下降的幅度超过10%(吴愈晓,2010);而25~49岁黄金劳动年龄女性的劳动参与率下降亦很明显,1990年该年龄段女性的劳动参与率为91.0%,2000年下降到87.6%,2010年则进一步下降到83.2%(沈可、章元、鄢萍,2012)。显然,市场化改革、性别平等政策的强化并不能完全解释女性劳动参与率下降的现象。从女性就业类型来看,数据显示,2010年城镇在业女性中非正规就业的比例已达51.6%,意味着城镇女性在业者半数以上的就业成为非正规就业。非正规就业的经济脆弱性和非正规就业者在劳动力市场上的弱势地位以及非正规就业者中女性居多的现象,进一步加剧了劳动力市场的性别分化和社会的不平等,是女性经济参与状况研究中必须直面的问题(宋秀岩,2013)。

2. 生育女性常常面临一定的工作-家庭冲突问题

对大多数女性尤其是职业女性来说,生育后的1~3年,正是其同时肩负工作与子女照顾责任的高度负荷期。工作和生活本是两个不同的领域,但两者之间的相互影响是相当广泛和深刻的。女性的怀孕、生育、抚育过程,势必占用很多时间和精力,尤其是对职业女性或双职工家庭中的女性来说,她们常常会面临工作时间与非工作时间、工作角色与生活角色、工作压力与生活压力之间的冲突。

市场竞争的加剧和现有公共服务支持女性发展的不足,加上我国核心家庭的相对独特性，工作－家庭冲突对女性职业发展的影响也日渐显现。同时，传统的性别分工观念认为，男性应倾向于有酬的市场工作，而女性应倾向于无酬的家务劳动。显然，女性经济角色的转变、经济地位的提升虽然对其家庭角色产生了很大影响，但并没有从根本上改变她们在家庭中的地位，女性仍旧是家务劳动和孩子照料的主要承担者。从市场有酬劳动所得、家务劳动价值、育儿的长远收益或潜在收益角度考虑，如果没有高质量的育儿和家庭服务来替代，在工资率不变的情况下，为使效用最大化，已婚女性将倾向于减少市场的劳动力供给（王萍，2002），即退出职场。第三期中国妇女社会地位调查数据显示，从事非农劳动的 18～64 岁已生育女性从"开始工作到现在或者从刚开始工作到退休"，有 20.2% 的人因为结婚生育或者照顾孩子而有过半年以上的职业中断经历（黄桂霞，2014），平均最长中断工作时间为 2.8 年（佟新、周旅军，2013），这深刻地影响着其职业生涯，使女性在职业流动中处于劣势地位。对部分女性而言，在生育后重返劳动力市场过程中，女性在评价自己的工作时，始终把家庭角色作为自己的主要角色，她们在考虑工作是否理想时往往把对孩子、家庭照料的便利程度，是否轻闲、舒适，收入多少，人际关系状况等作为评价的主要指标（吴贵明，2010）。

3. 工作－家庭平衡的实现需要相关政策与公共服务的支持与保障

与生育、职业流动相关的社会政策，在某种程度上也会影响家庭的选择。特别是随着全面"二孩"和"三孩"政策的放开和讨论中的延迟退休政策的可能实施，生育会给女性带来更大的抚育压力，增加女性就业的机会成本，对女性的入职、升迁、职业发展产生更大的负面影响，如果没有相适宜的生育与就业支持政策，生育女性的职业流动将面临诸多困难。特别是在强调双向选择、自由竞争的劳动力市场体制下，处于历史弱势和受到现实羁绊的女性，很难获得与男性平等的经济资源、经济机会和发展可能，更需要社会的支持和政策的保障（宋秀岩，2013）。因此，帮助女性实现育儿与工作的平衡，需要在了解目前生育女性职业发展现状与困境的基础上，分析与女性生育和就业相关的政策与公共服务供给，探讨现有政策在实施过程中存在的问题及其对女性就业产生的影响，在此基础上，建构一个完善的由政府、市场、社会、家庭等多方力量共同参与的生育与就业支持体系。

基于此，本书认为，非常有必要对生育行为与女性的职业流动问题展开深入研究，从过程的角度分析生育行为对女性职业流动的影响，探寻其影响的作用机制，解释这一影响背后的政策意涵，并为相关政策的制定与完善提供依据和决策参考。

二　研究问题

本书重点探讨生育对职业流动的影响问题。生育和抚育子女是一个过程，而个体的职业流动经历与育儿过程紧密相联。因此，本书通过系统的理论分析和实证研究，主要从过程的角度分析生育对女性职业流动的影响，以期深化人们对女性生育与就业问题的认识，并引起更多关注。本书重点研究以下问题。

第一，总体描述目前不同类型的生育女性职业中断经历、现职获得和职业流动的基本状况，归纳出主要特征。

第二，通过对数据和访谈资料的深入挖掘，探讨生育对女性职业流动产生的影响。具体来说，主要是从过程的角度，即生育后的暂时退出职场、重返职场、重返后的职业流动状况以及职业流动的心路历程等方面来探讨女性的职业流动问题，考察产生影响的作用机制，探讨其背后的政策意涵，在此基础上提出有针对性的促进工作 – 家庭平衡的政策建议。

第三，除生育状况外，本书也考察了其他相关因素对职业流动的影响问题，以揭示在中国现实情境下女性职业流动的特点与作用机制。

三 研究意义

作为一项实证性的分析，理论意义主要表现在以下两个方面。①职业流动是社会流动的根基，是个体获得社会经济地位的主要机制。本书探讨女性生育行为这一生命历程中的重大事件对职业流动的影响，是研究女性社会地位的重要视角，有助于进一步深化职业流动和女性职业发展问题的理论研究，推动对性别分层问题的理论探索，促进女性经济参与领域前沿问题的研究。②本书运用全国性的数据资料，从过程的角度探讨女性生育与职业流动之间的关系问题，基于中国的现实国情，探寻其产生影响的作用机制，这在一定程度上丰富了现有女性就业问题和社会性别研究的内容，也拓展了女性经济地位研究的视野。

从现实意义来看，主要表现在以下两个方面。①职业地位反映了女性的职业层次和就业质量，劳动收入也是反映女性社会经济地位的一个重要指标。因此，本研究所关注的由女性生育带来的职业地位、劳动收入等方面的变化，以及女性职业流动过程中面临的困难和问题，对于促进性别平等就业和女性发展，提高女性经济地位和社会地位，推动社会的两性平等进程，有着积极的现实意义。②有助于推动建立女性工作和家庭的平衡与促进关系，也可以为相关的生育、家庭、就业支持和公共照顾服务等政策的完善，为推动性别决策主流化提供数据依据和决策参考。

第二节　国内外有关生育行为和女性职业流动的研究

一　国外研究现状

近几十年来，生育与女性的职业流动问题一直受到人口学、社会学、经济学、法学、心理学等多学科学者的广泛关注，积累了丰硕的研究成果。国外对女性生育与职业流动问题的研究主要集中在以下方面。

（一）生育与女性的劳动力市场参与

结婚、生育、抚育子女是女性生命周期中重要的标志性事件，正是这些事件使女性形成了独特的就业模式，生育与就业之间的关系也表现出复杂性的特点。

1. 女性生命历程中的劳动力市场参与模式研究

一些研究者指出，女性往往有着非线性的职业路径（Cabrera，2007），大多数女性仍然难以实现劳动力市场上的持续就业，这显然要归因于女性的生育和养育责任。在几乎所有 OECD 国家，决定女性就业模式的关键事件就是生育，这一事件对女性的劳动力市场参与模式及其整个职业生涯都将产生深远的影响。女性劳动力市场参与模式可分为以下几种：在结婚与首次生育之前就业；完成抚养责任之后再就业；间断性就业；连续性就业。大多数女性选择的就业模式是间断性就业（Omori，2003），即以婚育、抚养孩子为分界线，在该时期之前或之后就业。近似地，Velsor 等学者提出女性的就业模式可被划分为连续性就业、暂停式就业、生养（育）期型就业（在育儿期间首次进入劳动力市场）、中年期就业

（完成育儿责任之后再就业）四种类型（Velsor & O'rand, 1984）。女性不同的劳动力市场参与模式，与各国差别化的经济社会发展历史、福利体制、文化规范、社会态度等因素密切相关。

2. 生育与就业关系的探讨

对于生育与女性就业之间的关系，国外学者主要从宏观与微观两个角度进行了分析。宏观角度的探讨，主要是利用各国数据，从生育率与女性就业率两个概念出发，探讨其相互作用。一些研究数据显示，受各种因素的影响，在不同时代，二者的关系亦不相同，自 20 世纪 80 年代以来，在国家层面上二者呈正相关关系。而且，这种正向关系会通过制度性因素，如各国的福利体制、公共政策、家庭政策产生影响（Stier, Lewin, & Braum, 2001; Engelhardt, Kögel, & Prskawetz, 2004），比如税收政策、父母带薪产假政策、幼儿照料服务、住房货币补贴和现金补助等。微观角度的分析主要论证了生育与女性就业之间关系的复杂性，二者之间表现为生育负向影响就业、就业负向影响生育、生育与就业相互影响、生育与就业负向关系虚假四种关系，学者们对此做出了不同的解释（Budig, 2003; Felmlee, 1993; Cramer, 1980）。比如，有学者的研究就指出，生育对就业的负向影响常常会通过一些调节因素来发挥缓冲作用，如家庭内的儿童照料安排、丈夫的收入、妻子的受教育水平、就业的便利性等（Lehrer & Nerlove, 1986）。

（二）生育对女性职业流动的影响研究

一般来说，生育经历对职业流动没有一个即刻显现的、直接的负向影响，然而，从长远来看，确实存在负向影响。以下从过程的角度，即生育后的劳动力市场退出、重返劳动力市场、重返劳动力市场后的职业流动状况等方面对国外研究成果进行梳理和总结。

1. 女性生育后的劳动力市场退出问题

从西方国家的现实情况来看，女性生育后，大致面临两种就业选择：大多数女性会因抚育较年幼子女而暂时退出劳动力市场，少数女性会选择连续性就业，在法定生育假期结束以后立即重返劳动力市场。

（1）暂时性职业中断是大多数女性生育后的常态选择

大多数女性在生育后，因为家庭照料的需求，会经历一段时间的劳动力市场退出，主要表现为职业生涯的暂时中断。很多来自发达国家的调查研究发现，宏观与微观因素都会影响女性生育后的就业选择决定。从宏观影响因素的角度来看，社会环境和国家经济变动、福利政策都会对女性的就业选择产生影响。特别是在经济低迷或金融危机时期，失业人数增多，女性在综合考虑多种因素后，可能会做出退出劳动力市场的决定。还有，国家面向生育期女性的各种家庭支持计划（如带薪产假和育儿假、育儿津贴等），可为女性生育后的就业选择免除后顾之忧，从而不致中断就业。从微观角度来看，子女数量、生育前的职业类型、人力资本状况、关于工作与家庭的性别角色态度等因素对女性暂时性职业中断产生重要影响。有研究指出，子女数量尤其是学龄前孩子的数量显著增加了女性从劳动力市场退出的可能性（Budig，2003），然而这一影响会通过较高的工作质量、人力资源禀赋和儿童照顾服务而有所减弱（Pacelli，Pasqua，& Villosio，2013）。Martin 和 Solera（2013）通过对英国相关数据的分析发现，生育前在"女性化职业"中就业的女性有着显著的高退出风险。相似的观点还包括，女性退出劳动力市场与其职业声望分值之间存在负向关系（Omori，2003）。这一结论说明，人力资本因素是一个强有力的解释变量，那些有着较高人力资本水平的女性，会拥有较好的工作，她们较少退出劳动力市场（Gustaffson et al.，1996），但这只能部分解释母亲的就业决定。另外，Rahim（2014）的研究揭示了不同的性别角色态度对职业中断的影响，其中以家庭为价值取向的母亲比适应型和工作取向的母亲倾向于生育更多的孩子，职业中断期也更长。

（2）工作－家庭冲突是女性退出劳动力市场的首要考虑因素

工作－家庭冲突是一种角色内的冲突，是个体因扮演工作角色（或家庭角色）而使家庭角色（或工作角色）的扮演变得困难，冲突源于时间、压力和行为三个方面（Greenhaus & Beutell，1985）。在生育特别是抚育子女阶段，夫妻双方会面临家务劳动时间增多、家庭照顾压力增加等一系列问题。在个体的时间、精力和体力都很有限的情况下，不同角色间的需求就会产生冲突，尤其是对双薪家庭来说。许多学者从家务劳动分工的角度探讨了这一问题（Sani，2014；Voicu，Bogdan，& Strpcova，2009；Coltrane，2010）。欧盟统计局的数据表明，男性和女性在做家务上花费的时间有很大差距，欧洲的女性（15～22 岁）平均每天花费 113 分钟做家务，而相应的，男性做家务的时间平均只有 52 分钟。[①] 技术的发展如新家用电器的使用，减少了每一项任务所需的时间，却增加了整个家务劳动的时间，个体能用较少的时间做更多的家务活，也扩大了家务劳动的性别差距（Voicu，Bogdan，& Strpcova，2009）。虽然养育子女是父母的共同责任，但工作－家庭冲突目前更多地聚焦于工作的母亲身上，父亲在儿童照料上的角色是第二位的（Johns，2013）。大部分的家务劳动都压到了女性的肩上，当女性面对时间和资源短缺时，她们优先考虑孩子们的需要而非自己的需要。而传统或理想的"男主外，女主内"的养家糊口与看护安排模式，以及部分福利国家实施的长期育儿假、现金照顾计划、兼职工作促进等一系列政策，背后传递的信息就是，女性就应

---

① Eurostat Yearbook. Available on line：http://eep. eurostat. ec. europa. eu/statistics_ explained/ index. php/Europe_ in_ figures_ Eurostat_ yearbook，2010.

该待在家里，和她们的孩子在一起。同时，全职工作对工作时间的严格要求也将女性排除在劳动力市场之外，因为她们不能适应一个无妨碍的理想工人的组织规范（Hook，2010）。因此，女性的暂时性职业中断选择是家庭抚育责任的不平等分担、传统社会性别规范和各种组织制度安排相互作用的结果。另外，做一个好母亲，陪孩子一起成长也成为部分女性在面对角色冲突与社会期望时，做出自愿中断职业选择时的重要考量因素（Jewell，2016）。

（3）职业中断的理论解释

在理论上，新家庭经济学常用比较优势来解释职业中断。新家庭经济学强调家庭在决策中的作用，男女两性具有不同的比较优势，将其人力资本专业化投资于各自的优势领域（市场或家庭部门），可以达到家庭产出的最大化。也就是说，男女两性的生理学差异和比较优势导致专业化投资的性别差异：女性主要在提高家庭效率尤其是生儿育女的人力资本上投资；男性主要投资于提高市场效率的人力资本方面，会把大部分劳动时间花在市场活动上（贝克尔，1998：56~82）。因此，为使家庭利益最大化，夫妻双方最终做出妻子中断职业在家照顾子女，而丈夫承担养家糊口责任的决策。心理学常运用工作－家庭冲突来解释职业中断。工作－家庭冲突指家庭和工作层面的角色压力引起的角色之间的冲突，分为工作对家庭的冲突和家庭对工作的冲突两个方面。Sullivan 和 Lewis（2001）通过研究发现，男性更可能因为工作而影响家庭，而女性更可能因为家庭而耽误工作。学者的研究显示，工作－家庭冲突对离职倾向存在着稳定的、显著的正向影响，员工的离职倾向会随着工作对家庭的冲突水平的提高而增强（Greenhaus，Parasuraman，& Collins 2001）。显然，当家庭角色与工作角色发生冲突而又无法有效协调时，尤其是在子女年龄较小时，女性往往会中断就业而回归家庭。

（4） 连续性就业

与大部分女性在生育后会暂时退出劳动力市场不同，仍有一部分女性在生育后并未中断就业或退出劳动力市场。家庭政策的支持与保障、生育前的就业岗位类型、家庭经济需求、父母的支持、性别角色态度等因素都会成为女性连续性就业选择的重要考量因素。在北欧国家，完善的家庭政策、高质量的托幼服务会减轻年轻母亲照顾孩子的家庭责任压力，为其实现连续性就业提供坚实基础（Domènech，2005）。Greenhalgh 和 Stewart （1982） 通过研究发现，约有 25% 的从事管理岗、专业岗、技术岗的 45～54 岁女性没有中断工作的经历。另外，经济因素也是一个重要考量，当一个女性缺少经济收入时，基本上不退出劳动力市场（Omori，2003）。Masaru （2002） 基于 1993 年日本 1500 名 25～34 岁已婚女性的调查数据发现，与父母或配偶父母同住增加了女性就业（尤其是从事全职工作）的可能性。与此相似的研究结论是，相比女性与自己父母同住，与丈夫的父母同住对女性劳动参与的促进作用更为明显（Oishi & Oshio，2004）。另外，现代性别角色态度以及配偶的支持也会对女性实现连续性就业产生正向影响（Scanzoni，1979 ；Tomeh & Gallant，1984）。

2. 重返劳动力市场

大多数女性在经历一段时间的生育中断后，大都会选择重返劳动力市场。重返劳动力市场的时机以及重返后的职业选择倾向是近些年学者重点关注的问题。

（1） 重返劳动力市场的时机选择

国外学者通过研究发现，女性重返劳动力市场的时机选择受到诸多因素的影响。从宏观环境来看，社会环境和国家经济变动、家庭政策对妇女生育后再就业决策有重要影响。Ma （2014） 通过对韩国女性的研究发现，亚洲金融危机激励了家庭妇女在生育后即刻重返劳动力市场，而工作保障性产假政策进一步促进了这种行为的产生。还有，不同福利体制下的家庭政策在一定程度上形成了女性生育后的不同重返模式。艾斯平－安德森（2003：324～326）根据福利分配去商品化的程度，将西方国家的福利体制划分为新自由主义（如美国）、保守主义（如德国）和社会民主主义（如瑞典）三种模式。福利体制差异导致相关政策对女性生育与就业的支持程度不一。以产假政策为例，美国的无薪产假提供了最短时间的生育支持保护，瑞典提供了最长时间的带薪育儿支持，德国提供了更长时间但较少补偿的生育退出支持。因此，在美国，有 40% 的母亲在首次生育后不离开劳动力市场，有 65% 的女性在生育后三个月、80% 的女性在生育后一年内重返劳动力市场；在德国，儿童照顾服务匮乏以及社会塑造的"男性养家－女性持家"的传统家庭模式，使仅有 17% 的母亲在法定 8 周产假后立即重返劳动力市场，有 30% 的女性在一年后、50% 的女性在三年后重返劳动力市场，甚至在做母亲 8 年后，有 30% 的母亲仍未重返劳动力市场，这其中的一些女性又会有二次或三次生育；在瑞典，有 25% 的女性在两年后重返劳动力市场，有 50% 的在三年后重返劳动力市场（Aisenbrey, Evertsson, & Grunow, 2009）。

从微观层面来看，一些来自发达国家的调查研究发现，女性生育孩子的数量、生育次序、工作年限、生育前的工作类型、家庭的收入状况、女性自身的受教育水平等因素，均与她们生育后重返劳动力市场问题密切相关。从生育子女的数量来看，学者的研究显示，女性生育孩子的数量会负向地影响其重返劳动力市场的可能性（Klerman & Leibowitz, 1994）。从生育次序来看，女性首次生育后重返劳动力市场的速度，快于二次或三次生育后的重返速度（Hofferth, 1996）。从工作年限来看，女性工作年限对其生育后重返劳动力市场有正向影响并与之有重大关联（Hofferth & Curtin, 2006）。而与从事全职工作的女性相比，生育前从事兼职工作的女性，表现出重新就业的较低可能性（Li & Currie,

1992）；如果女性的工作本身有较灵活的时间安排、安全且对身体条件要求不高，则会增加女性在生育后重返的可能性（Desai & Waite，1991）；家庭收入越高，女性重新进入劳动力市场的机会越少（Joesch，1994），而单亲母亲因为经济压力会尽快重返劳动力市场（Gould，2004）；受教育水平高的女性在生育后更愿意继续留在劳动力市场（Cohany & Sok，2007），对她们来说，长时间离开劳动力市场的机会成本相对较高（Smeaton，2006）。

（2）重返劳动力市场后的职业选择

当女性在生育后重返劳动力市场时，如何更好地平衡工作需要与家庭责任，是大多数女性首先要考虑的问题。一般来说，为方便照顾子女，很多女性更可能减少工作时间，寻找一份更加灵活的工作或离家较近的工作（Pacelli, Pasqua, & Villosio, 2013）。而兼职工作（或称非全日制工作、弹性就业）能帮助有较年幼孩子的女性留在劳动力市场上。研究表明，有学龄前儿童的女性，倾向于从事兼职工作（Booth & Van，2009）。在整个欧洲，大约一半的有 6 岁以下儿童的女性在从事兼职工作（OECD 界定为每周工作时间少于 30 小时），而且从事"女性化职业"的比例较高。当子女年龄较大时，女性会转向从事全职工作，这可能与家庭的经济需求有关（Budig, 2003）。在欧盟国家，荷兰兼职就业率最高（OECD，2009），超过 60% 的荷兰女性从事兼职工作，有学龄前孩子的女性不希望每周工作时间超过 3 天（Vinkenburg et al.，2012）。

为什么大多数女性会选择兼职工作和"女性化职业"？在一些国家，学校和儿童照料中心比较匮乏或开放时间较短，正好与兼职工作时间较为灵活的特点相适应，女性可以有更多的机会和大量的时间来照料子女。同时，兼职就业也比较符合社会的理想与对女性的角色期待（Bianchi，2000）。女性的家庭责任导致女性集中于所谓的"女性化职业"，因为这些职业与她们的家庭内部责任相适宜，她们在双重角色间选择能减少冲突的职业（贝克尔，1998：56～82）。同时，"女性化职业"更易进入，不需要培训或特殊的人力资本投入，只是要求在获得工作前有一般的人力资本投入即可（Wolf & Rosenfeld，1978）。因此，与全职工作相比，兼职工作有利于减少女性双重甚至多重角色带来的工作－家庭冲突，提高满意度。学者的研究基本证实了这一点。Booth 和 Van（2008）通过研究发现，在英国，兼职就业提高了对工作时间和工作的满意度，但在生活满意度方面下降了。而 Roeters 和 Craig（2014）的比较研究得出了不太一致的结论，在瑞典、荷兰、德国、英国、澳大利亚五个国家中，兼职工作非常普遍，而且荷兰有着强有力的劳动力市场支持与保护政策。数据结果显示，除瑞典外，其他四个国家女性的兼职工作在减少工作－生活冲突方面效果相似，但对工作满意度的影响微乎其微。这一结论可能和瑞典完善的儿童照顾服务政策以及相对平等的社会性别分工观念有着一定的关系，女性从兼职工作中获益较少（Roeters & Craig，2014）。实际上，欧洲国家对兼职工作的女性，在薪酬、工作福利、工作时间安排等方面都给予了与全职就业同等的支持与保护，加上一些国家慷慨、完善的儿童照料服务政策，兼职就业质量相对较高。新古典经济学的补偿性差异理论认为，一些工作虽然工资较低，但它们往往能够提供一些其他的福利或者轻松的工作环境等，以补偿较低的工资（Smith，1979；Filer，1985）。因此，对于部分母亲来说，她们总是倾向于理性地选择一些比较"友善"或"灵活"的工作，虽然工资较低，但能有效兼顾母亲的角色，更好地履行家庭责任。

此外，有学者通过分析发现，在北欧和其他福利国家普遍实施的工作－家庭平衡的政策实践有利也有弊，弊端在于一些家庭友好型政策会产生福利国家基础上的"玻璃天花板"效应。尽管工作保护政策加强了女性与劳动力市场的联系，但是，在父母休假政策下，女性重返劳动力市场时，要达到或保持重要的工作岗位要求，仍然面临较多的困难

（Mandel & Semyonov，2006）。同时，兼职工作在为女性就业提供便利的同时，也由于提供了更少的经济、人力和社会资本，而有较少正向的工作 - 家庭溢出效应（Booth & Van，2009），从而强化了当前主流的家庭劳动分工方式（Perrons，1999），拉大了性别工资差距，加剧了劳动力市场上的性别不平等（Henning，Gatermann，& Hägglund，2012）。比如，挪威女性劳动参与率高，16～64 岁女性的就业率为 70%，但其劳动力市场在欧洲国家中是性别分割最严重的。大部分的女性都受雇于公共部门，而大部分男性都受雇于私人部门；女性在一些照顾和社会服务职业中占绝大比例，女性收入仅为男性的 84%（贝文，2014）。

3. 重返劳动力市场后的职业流动状况

（1）职业流动状况

当女性重返劳动力市场后，从职业地位的角度来看，女性的就业模式、生育之前的职业类型、重返劳动力市场后的职业类型、女性受教育水平、生育子女数量、职业中断时间的长短等因素对其流动方向有重要影响。连续性就业常常会保护一个女性的职业地位免遭向下流动（Green-halgh & Stewart，1982），间断性就业模式常被认为会导致向下的职业流动；生育之前在高声望职业中就业的女性，重返劳动力市场时经历的向下流动程度更高一些，生育之前在以女性为主的职业中工作的女性向下流动的程度更低一些（Omori，2003）；若女性重返劳动力市场时选择的是兼职工作，往往会经历向下的职业流动（Perry，1988）；高学历女性大多能重返生育之前的岗位或相似的岗位，因为与低学历女性相比，高学历女性重返劳动力市场速度快；有两孩以上的女性，向下流动的风险高，重返同样或近似岗位的机会比有一孩的女性少（Aisenbrey，Evertsson，& Grunow，2009）。

一些学者通过跨国比较探讨了职业中断的惩罚效应，研究发现，在美国，职业中断的惩罚效应最为明显，即使是因生育引起的短期职业中断也会带来收入惩罚，而长期的职业中断则会增加职业向下流动的风险并减少向上职业流动的机会。在德国，长期的职业中断使得已育女性的职业发展极为不稳定。在瑞典，受益于慷慨的生育假期政策与质优价廉的儿童托管服务，当职业中断期超过 15 个月时，其才会对女性的向上职业流动造成显著的负面影响，如果女性能够尽早重返劳动力市场，则她们的职业前景是较好的（Aisenbrey，Evertsson，& Grunow，2009）。显然，职业作为重要的社会经济地位指标，重返劳动力市场后的向下流动会重构或进一步加剧性别不平等。

（2）母亲收入惩罚问题

女性在生育后重返劳动力市场时，常常会遭遇"母亲收入惩罚"，即与无孩子的女性相比，有孩子的女性的收入会减少，这是一种普遍现象。事实上，几乎在所有国家都发现了这种负向影响关系。收入惩罚的程度、持续时间、覆盖范围与女性初育年龄、生育子女数量、子女年龄、从事的工作类型、职业中断时间、就业支持政策等因素有关。具体来说，在影响程度高低方面，Taniguchi（1999）认为生育时机以一种显著的方式塑造着女性的生育机会，初育年龄较小会经历较高的收入惩罚，如 20 ～ 27 岁生育的女性会有 3.7% 的收入惩罚，因为其职业中断期正好发生在女性职业上升的关键时期，而受教育程度会降低惩罚的程度。Budig 和 England（2001）通过研究发现，收入惩罚会随孩子数量增加而增加，一个孩子的收入惩罚是 2%，两个孩子是 13%，三个孩子是 22%。也有学者认为和孩子的年龄有关，随着子女年龄的增长，负向影响会减弱，因为孩子年龄较小时会占用母亲更多的时间和精力（Anderson，Blinder，& Krause，2003）。从持续时间来看，Pacelli 等学者通过对意大利女性的研究发现，与那些没有学龄前儿童的女性相比，有学龄前儿童的女性的工资惩罚会持续 5 年时间（Pacelli，Pasqua，& Villosio，2013）。Baum（2002a）认为不会超过 2 年，当女性回到生育之前的职业时，工作中断的负向影响会部分减弱。Kranz、Lacuesta 和 Planas（2010）对西班牙女性的研究发现，女性用 9 年时间才能达到其生育之前的收入水平。从覆盖范围来看，收入惩罚仅仅出现在从事全职工作的女性中，这可能要归功于意大利对于兼职工作的高度保护（Pacelli，Pasqua，& Villosio，2013）。母亲遭受了重大的收入惩罚，男性却收获了婚姻溢价，两种不同的过程一起相互作用，扩大了性别工资差距（Petersen，2014）。

对于"母亲收入惩罚"现象，可以用贬值理论、歧视的污染理论、工作投入假定、雇主歧视理论、二元劳动力市场分割理论等来加以解释。贬值理论认为，职业中断会造成人力资本的贬值、工作经验积累的减少，而收入是伴随工作经验的增加而提高的（Tharenou，Latimer，& Conroy，1994；Taniguchi，1999）。还有学者提出了歧视的污染理论，认为男性雇员会歧视女性雇员，以保持他们的职业地位不因女性的进入而被污染（比如地位、声望和收入的被低估），其理论逻辑与人力资本贬值理论非常相似（Goldin，2002）。工作投入假定认为，投入家庭照顾子女已经消耗了女性的很多能量储备，因此工作中的投入就会减少，产出势必会较少（贝克尔，1998：56~82）。雇主歧视理论认为，收入惩罚与雇主对女性或母亲角色身份的歧视有关，雇主在评估女性工作的贡献时存在系统性的认知错误，他们常常认为，职业中断甚至母亲角色本身就是缺乏工作承诺的一个标志（Mavromaras & Rudolph，1997），或者在还没有考察其实际产出的情况下，就假定母亲是低效率的（Joshi，Paci，& Walfogel，1999）。二元劳动力市场分割理论认为，首要劳动力市场的工资收入相对较高，工作条件优越，有晋升机会；而次要劳动力市场体现为低报酬、工作环境差、缺少晋升机会等（Piore，1976）。许多女性在重返劳动力市场后选择的方便、灵活的兼职工作大多属于次要劳动力市场，低报酬问题就会显现。

（三）简要评价

总体来看，对生育与女性职业流动问题，国外学者从经验研究、比较分析、理论提升、政策解读、前景展望等诸多方面展开了深入探讨，为本研究提供了较为充分的理论、方法与数据的借鉴。但是，值得注意的是，以上内容的考察与探讨都是限于西方经验的分析，主要研究对象来自以福利国家为主体的欧美发达国家，较少涉及非西方国家，其理论分析模式和概念工具生成于西方各国特殊的政治、文化和道德土壤，虽然对中国有一定的启示意义，但不一定完全适合中国的国情。从研究方法来看，定量研究多，质性研究少，这与西方国家的定量研究传统以及较为完备的数据资源有关。因此，不能完全照搬西方国家的研究理论、研究方法和结论，而要充分考虑到当前中国的制度安排、政策环境与社会文化背景。

二　国内研究现状

近年来，国内学者从人口学、社会学、经济学、心理学等多学科角度对生育与职业流动的相关问题展开了深入探讨，研究主要集中在以下方面。

（一）女性职业流动相关问题的探讨

近年来，国内学者围绕职业流动的相关问题进行了深入探讨，包括职业流动的类型与特点、性别差异与性别不平等、职位晋升、职业流动与收入等。关于女性职业流动的特点，蒋美华（2009）的研究显示，女性职业变动的发生率和强度总体上略低于男性，女性职业的向上变动和向下变动交织在一起，呈现职业的阶层分化与重组的复杂态势；女性倾向于由体制内单位向体制外单位和非单位流动，女性在职业变动中难以摆脱家庭角色与社会角色的双重困扰。从职业流动的性别差异来看，宋月萍（2007a）利用中国第二期妇女社会地位调查数据探讨了此问题。她研究发现，在经济转型期间，人力资本因素并不能完全解释职业流动的性别差异，而家庭特征、社会资本以及劳动力市场结构变动都对职业流动性别差异产生显著影响。而王春光（2003）认为，一个人的现职获得在很大程度上受其初职的影响。从职业晋升途径来看，吴愈晓（2011）通过研究发现，高学历群体与低学历群体在劳动力市场中经济地位晋升的路径截然不同，前者是通过人力资本的投入和积累，后者是通过工作转换。刘爱玉等探讨了职业晋升的影响因素，研究发现，人力资本质量、性别角色认知对女性晋升正高职称有显著影响，性别角色认知越趋向于现代，家务劳动承担越少，晋升机会越大，对男性则不存在这样的影响（刘爱玉、佟新、傅春晖，2013；刘爱玉、田志鹏，2013）。

（二）生育对职业流动的影响研究

通常来说，女性职业发展的前 10 年与其结婚和生育的阶段相抵触（许艳丽、谭琳，2002），生儿育女使得女性职业发展呈现周期性特点（陆建民，2011），女性有着非线性的职业发展轨迹，其职业发展模式一般分为倒 U 形、M 形等（马蔡琛、刘辰涵、张莉，2012）。换言之，生育和养育子女作为个体生命历程中的重大事件，从长远来看，对女性的职业发展、职业流动确实会产生一定的影响。

1. 女性生育后的职业选择

抚养子女是一种时间密集型和劳动密集型的活动，生育对女性的负面影响主要表现为职业发展的中断效应和冲突效应（吴帆，2016a）。换言之，面对育儿，女性大多会做出中断就业或不中断就业但需应对工作－家庭冲突的两种选择。

（1）生育与女性职业生涯中断问题

生育、抚育子女需要女性投入大量的时间和精力，育儿和就业的不平衡迫使女性重新调整其职业理想与就业需求，在充分考虑自身条件、家庭状况以及生育的经济成本、机会成本等因素的基础上，做出中断职业的决定，主动或被动地退出劳动力市场，回归家庭。第三期中国妇女社会地位调查数据显示，在城镇从业者中，女性因生育而中断工作的比例为 17%，平均最长中断工作时间为 2.8 年（佟新、周旅军，2013）。显然，即便是在低生育率时期，生育特点、幼儿抚养责任对女性劳动参与仍然存在显著阻碍作用（郝娟，2015）。最小孩子的年龄对女性就业有显著正向影响，子女年龄每增加一岁，女性劳动参与率提高 0.4～2.0 个百分点（杜凤莲，2008）。实际上，近些年女性就业率持续下降的数据亦可充分说明这一点。有 6 岁以下子女的女性的就业率由 1990 年的 90.3% 下降到 2005 年的 77.0%，有 3 岁以下子女的女性的就业率更是从 1990 年的 89.2% 大幅下滑到 2005 年的 56.6%（Jia & Dong，2013）。同时，职业中断与育儿社会支持缺乏，特别是子女 3 岁以前照顾服务的可得性和可及性差，照料责任主要由女性承担等有重大关系。在城市，随着市场经济的发展，单位福利制度解体直接导致了公共托幼系统瓦解，育儿变成了纯属私人的事情（金一虹，2013；佟新、杭苏红，2011）。一些家庭的女性由于找不到合适的托儿所、幼儿园（收费太高）、没有老人帮忙、请保姆没有条件或担心孩子安全等被迫中断职业生涯，自己回家带孩子（蒋永萍，2007）。在计划经济时期，托幼服务被视为职工福利的一部分，城镇社区和企事业单位兴办了大量托儿所和幼儿园。其中，托儿所主要面向 0～3 岁婴幼儿，与女职工产假时间相衔接，孩子出生满 56 天就可以入托（0～3 岁儿童养育公共服务与政策支持课题组，2017）。改革开放后，国有企业等逐步剥离托幼机构。1989 年颁布的《幼儿园管理条例》规定，公立幼儿园不再接收 0～2 岁儿童。在托幼体制改革的过程中，总的趋势是政府和国有企业提供的幼儿看护服务比例在降低，私人提供的看护比例在上升（杜凤莲、董晓媛，2010）。据统计，1998～2013 年，公立幼儿园比例从 83% 降至 33%（杨菊华、喦新强、杜声红，2016）。另外，学前教育服务价格越高，家庭对学前教育服务的需求越低，女性就越倾向于退出劳动力市场，对低收入家庭来说更是如此（杜凤莲、董晓媛，2010）。

（2）工作－家庭冲突与女性连续性就业

对于在育儿阶段未退出劳动力市场的女性来说，育儿与就业的压力，包括母亲与就业者角色压力、时间贫困压力、时间成本压力等，常常使在业女性面临巨大的工作－家庭冲突。第三期中国妇女社会地位调查显示，女性面临的工作与家庭冲突非常严峻，主要表现为家庭照料影响女性参与有收入的社会劳动，在业女性家务负担较重。造成冲突的原因是传统的家庭支持削弱、市场提供的公共服务水平不一、现有的企业政策和文化支持缺乏，以及"男主外，女主内"的性别分工观念等（蒋永萍、杨玉静，2012）。从家务劳动负担来看，调查数据显示，有学龄前子女的女性的家务劳动时间增加明显（宋秀岩，2013），而市场性的替代服务是有限的，对于工薪家庭来说更是如此，因此女性必须承担家务劳动（佟新，2012）。城镇家庭的家务劳动分工具有"女性为主、男性为辅"的特征，女性每日家务劳动时间比男性多 61.8 分钟（刘爱玉、佟新、付伟，2015）。显然，女性参与家外有酬劳动并不意味着家务劳动的减少，女性的劳动负担常因为有酬工作与家务劳动而更加繁重，而正规就业制度安排在时间上缺乏灵活性，因此女性不得不付出个人劳动负担增加和个人休闲空间压缩的代价（周云、郑真真，2015）。

尽管生育影响女性的劳动参与，多数年轻母亲仍采取各种应对策略，调动所有可以利用的资源，力图两者兼顾，比如转向时间比较灵活的非正规就业或从事个体经营。来自家庭的支持特别是祖父母辈帮忙照顾孩子，也是不少家庭采取的策略（郑真真，2016），（外）祖父母对（外）孙子女的照料有利于（女儿）媳妇的劳动参与（吕利丹，2016）。沈可、章元和鄢萍（2012）基于2002年中国东部9省份成年子女及其老年父母的配对数据，研究发现，多代同堂模式便于老年父母协助女性料理家务，减轻她们的家务负担，从而能有效提高其劳动参与程度。杜凤莲（2008）通过研究也得出了相似的结论，与爷爷奶奶或姥姥姥爷居住在一起（或居住在附近），会降低儿童看护成本，大大提高有学龄前儿童的女性的劳动参与率。2014年中国计划生育家庭发展追踪调查也发现，尽管5岁以下儿童主要由母亲照料，但主要由祖父母或外祖父母照料的也超过四成（国家卫生计生委家庭司，2015：68）。全面"二孩"政策的推行，不仅使育龄妇女面临再次生育的抉择，也意味着照顾第二个孙子女的重担很可能再次加诸祖辈，而祖父母的身体状况和文化程度则是对未来照顾行为最为关键的制约因素（李芬、风笑天，2016a）。事实上，目前，随着三孩生育政策的推行，因生育子女数量的增加而带来的"三育"压力（生育、养育、教育），以及对女性职业发展产生的影响必将愈加值得关注。

2. 生育与女性职业发展困境

对于在育儿阶段中断就业的女性来说，随着子女入托、入园、入学，她们大多会重返劳动力市场。重返后的职业选择倾向、职业流动状况以及职业发展困境等问题是近年来很多学者重点关注的。

生育中断造成的职业"空窗期"带来一定的延续效应，对女性劳动参与具有长期的影响。宋健和周宇香（2015）通过研究发现，职业中断经历会对女性目前的就业状态造成负面影响，会显著减少女性的就业可能性。数据显示，城镇有过因生育中断就业经历的女性的在业比例为65.92%，而没有这一经历的女性的在业比例为83.65%（宋健、周宇香，2015）。同时，暂时的职业中断也会影响到女性重返劳动力市场后的职业选择倾向。乐君杰、屈利娟（2007）通过数据分析发现，已婚女性的择业行为与其配偶的收入和就业类型之间存在较强的相关关系。由于家庭核心化、与父母同住状况减少等家庭人员结构的变化及育儿质量的提升等，已婚女性的就业机会成本不断增加，从而提高了已婚女性对非正规就业的选择概率（乐君杰、屈利娟，2007）。事实上，城镇女性的就业出现了"非正规化"趋向，越来越多的女性从事收入较低、福利和保障不足而且工作强度较大的非正规工作（谭琳、李军锋，2003）。从职业流动类型来看，宋月萍（2007a）运用第二期中国妇女社会地位调查数据，探讨了生育子女数和家务劳动时间对职业流动性别差异的影响。研究发现，孩子数量是影响男女职业向上流动机会差异的显著因素，女性生育孩子数量越少，发生职业向上流动的概率将显著增加；在其他条件不变的情况下，家务劳动时间的延长将增大女性经历向下流动和水平流动的风险，减少女性经历职业向上流动的概率（宋月萍，2007a）。

随着全面"二孩"和"三孩"政策的实施，女性职业发展会面临更加艰难的处境。一是生育政策的调整使女性面临两难抉择。随着全面"二孩"和"三孩"政策的放开，职业女性常常要面临"生"孩子还是"升"职位的困境（杨菊华，2016）。女职工生育子女的最佳时间与其职业黄金期重合，生育事件的介入使其职业发展出现断层，女性失去很多人力资本积累的机会，这会在很大程度上阻碍女性职工职位晋升与发展。二是职位晋升中的"玻璃天花板"效应这种透明的障碍（王存同、余姣，2013；李春玲、吕鹏，2008：241）。顾辉通过研究发现，目前城市职业女性遭遇到的"玻璃天花板"效应仍普遍而持久存在着。传统性别观念、工作和家庭冲突、组织特征、女性自身人力资本等都成为阻挡女性职位晋升"看不见"的"玻璃"（顾辉，2013）。三是母亲身份、就业歧视与收入惩罚。雇用女性带来的生育成本和风险，以及用人单位的逐利目标，常会使女性在劳动力市场上招致各种显性或隐性的雇主歧视，这一歧视常常依托传统性别文化而存在。而一些保护女性的特别条款却往往成为歧视女性的基础，如生育期保护性法规成为用人单位不雇用女性的理由，对生育女性极为不利（佟新，2010）。事实上，劳动力市场的性别隔离与女性遭遇的性别歧视，对女性就业与收入产生了一定的负面影响，加大了性别不平等（吴愈晓、吴晓刚，2008）。2010 年第三期中国妇女社会地位调查数据显示，城镇女性收入只有男性的 67.3%（第三期中国妇女社会地位调查课题组，2011）。於嘉和谢宇（2014）利用中国健康和营养调查数据研究发现，每生育一个子女使女性工资率下降 7% 左右，而且，生育对教育程度较高、从事管理和专业技术工作的女性的工资率有着更显著的负向影响，而来自雇主的歧视是造成这一"生育代价"不可忽视的因素。另外，在国有部门工作的女性的工资率受到其生育的显著影响，而在市场部门和集体部门中，生育对女性工资率的影响并不显著（於嘉、谢宇，2014）。

3. 生育与工作－家庭平衡问题

在现阶段女性面临的工作－家庭冲突日益普遍的情况下，如何通过制度安排与服务提供，逐步缓解冲突，促进工作－家庭平衡，是很多学者关注的重要议题。总体来说，工作－家庭平衡的实现，需要政府、市场、社会、家庭等多方力量共同参与、协商与合作，建立起完善的家庭政策，为女性职业发展提供强有力的支持。一是加大宣传并促进观念转变，这是推动工作－家庭平衡政策建立与发展的前提条件。运用大众传媒和公共教育，改变长期以来在工作场所和生活领域普遍存在的推崇勤奋工作、为工作放弃家庭的工作伦理，同时转变传统的"男主外，女主内"的性别分工观念，倡导全社会尊重和重视家庭的价值，树立男女享有平等就业的权利和共同分担照顾责任的义务等观念（岳经纶、颜学勇，2014）。二是直接的生育支持。针对就业母亲与双亲设计生育给付、法定带薪孕产假、丈夫陪产假和父母育儿假等多类产假形式和亲职假，以鼓励和协助父母在孩子出生时能提供照顾，并保障因照顾子女暂时离开工作时的薪资所得（吴帆，2016b），降低女性生育的经济成本。针对目前生育保险制度的现状，潘锦棠（2015）提出加快推进生育保险覆盖面扩大、女工劳动保护成本社会统筹或政府补贴。杨立雄（2013）提出，应将目前的生育保险制度转化为一种普惠性的生育福利制度。三是大力发展普惠性公共托幼服务。加强和完善托幼服务对工作－家庭平衡至关重要，特别是3岁以下的托幼服务，它既能减轻女性就业和育儿之间时间分配的压力，又有助于将一部分育儿的家庭内劳动社会化（郑真真，2016）。发展托幼服务，首先从政策原则上要树立托幼服务是公共服务的理念，明确托幼服务的公益性和普惠性，强化政府的主体责任和主导地位，发展方向是建立以公立和民办公助为主的社区托幼一体化专业服务机构，加大政府财政投入。具体来说，包括为0~3岁婴幼儿提供包括日间照护及教育、儿童临时看护、家庭照料、儿童早期教育以及家长亲子教育等多方位服务（0~3儿童养育公共服务与政策支持课题组，2017），提高服务的可及性与便利性。四是来自家庭和用人单位的支持。刘爱玉等通过研究发现，承认、肯定和强化家务劳动的情感表达和相互支持有利于推进夫妻合作型家务劳动的产生，有助于平等、和谐的家庭关系的建设（刘爱玉、佟新、付伟，2015）。而家庭成员通过分担婴幼儿的照顾等对女性的生育支持，能更好地帮助女性化解工作与抚养责任的冲突，在一定程度上降低女性的职业中断比例（黄桂霞，2014）。从用人单位的层面来说，可以创造家庭友好型工作环境来平衡工作－家庭冲突，这一环境包括托管福利计划、弹性工时、电脑远程办公、灵活的请休假制度等（刘云香、朱亚鹏，2014）。

（三）简要评价

总体来看，国内的已有研究成果从不同的角度和方面对女性生育与职业流动问题进行了较为深入的探讨，取得了很多有价值的成果，这些研究成果加深了我们对生育与职业流动关系问题的认识，同时引起了社会各界对此问题的高度关注，也为本书的研究提供了较好的理论与实证基础。但综观现有相关文献，笔者认为，以往相关研究仍存在一些不足之处。

第一，以往研究多从某一方面如职业中断、职业发展困境、工作－家庭冲突等来探讨生育对女性职业流动的影响，缺乏综合分析的视角，因此没有得出关于二者之间关系的一般性结论与观点。生育不仅仅是一个事件，更是一个过程，职业流动也是一个过程，其实现是多种因素共同作用的结果，因此必须从家庭、观念、组织、制度、政策等诸多方面综合考量生育对职业流动的影响与作用机制。

第二，缺乏基于比较全面的实证调查的深入分析。以往研究比较缺乏依据全国范围的数据资料开展的深入探讨，如有些仅仅局限于理论与政策层面的探讨，或只从个人与家庭的微观角度展开论证，缺乏将宏观与微观相结合进行的系统综合分析。

第三，研究方法方面存在不足之处。以往的研究多运用定量的方法展开分析，从不同的层面和角度对女性的生育与职业流动之间的关系进行探讨，但是，对于女性在生育与职业流动过程中所经历的心路历程的变化，很难在定量分析资料中得到真实呈现。倾听她们内心最真实的声音、了解她们的需求与期盼、分析她们的烦恼与困境、挖掘行动选择背后的政策意涵，都需要用质性研究方法才能做到。因此，需要将定量与质性研究方法加以结合，展开系统化的、全面的、综合的分析与研究。

　　本书即在现有研究的基础上，继续深化对生育与职业流动关系问题的分析，拓展研究的视野和角度，引入新的有解释力的理论分析框架，深入探讨在中国社会文化情境下，生育对职业流动产生的影响、作用机制及其背后的政策意涵，得出相关结论并提出相关建议。

第二章
女性职业流动相关概念和理论

在对国内外相关文献进行梳理、总结和分析的基础上，本书的研究问题也得到进一步明确和清晰。要对生育与职业流动的关系问题进行实证研究，首先需要明确研究的整体分析框架和研究思路；其次要明确研究方法，特别是所采取研究方法的科学性、优势和伦理性；最后要明确研究的创新之处。本章将围绕以上问题进行具体阐释，以为后续分析奠定基础。

第一节　生育和职业流动的相关概念和理论

生育对职业流动的影响问题，既涉及生育方面的研究，也涉及职业流动方面的研究，因此，有必要对相关的概念和研究理论做一简要梳理。

一　相关概念

1. 生育

生育是指繁殖后代的活动，就人类而言是指女性在体内孕育后代并分娩。从本书的研究来看，生育是指一个过程，包括了生育和抚育两个方面，即孕育、分娩和抚育，抚育过程持续时间较长，而且育儿责任大多由女性承担。女性的生育与劳动力市场参与成为近年来许多国家在制定和完善社会政策时关注的焦点问题，也成为很多学者重点探讨的内容。家庭责任会影响女性的劳动参与，已成为女性就业主流研究领域的共识。儿童照料安排也被证明对女性就业特别重要（Lippe & Dijk，2002）。在长期实行的计划生育尤其是"独生子女"政策背景下，在现实生活中，面对育儿带来的家务劳动增加、照顾压力增大等问题，以及希望儿女成为优秀人才，或希望陪伴子女健康成长的抚育目标，人们往往会做出不同的选择。部分女性会调动家庭内外的所有资源，帮助自己分担或减轻育儿压力，兼顾家庭与工作，努力保持着二者之间的平衡；还有部分女性，受各种条件的制约难以做到家庭－工作"两不误"，就会放弃工作，回归家庭"相夫教子"，等子女达到入托、入园或入学年龄时，重新回到劳动力市场再就业，但很难再得到稳定的工作（Brinton，Lee，& Parish，1995）。随着全面"二孩"和"三孩"政策的实施，女性可能要面临抚育两三个孩子的压力，无疑会对个人的经济社会参与和职业发展产生更大冲击。本书在分析生育对女性职业流动的影响问题时，重点关注子女数量和年龄，特别是未成年子女的抚育对女性职业生涯历程、职业地位获得以及职业地位变化的影响。

2. 工作－家庭冲突

西方国家有关工作－家庭冲突（work－family conflict）的研究由来已久，始于 20 世纪 40 年代。1985 年，Greenhaus 和 Beutell（1985）正式提出了"工作－家庭冲突"这个概念。工作－家庭冲突指的是个人的时间和精力不足以同时满足工作和家庭两个角色的需求时，出现的一种不协调的状态，主要表现为时间的冲突、压力的冲突和行为的冲突三种形式。同时，工作－家庭冲突可分为工作干涉家庭（WIF）和家庭干涉工作

（FIW）两种方向。Sullivan 和 Lewis（2001）通过研究发现，男性更可能因为工作而影响家庭，而女性更可能因为家庭而耽误工作，这一差异体现了"男主外，女主内"这一传统性别角色分工对男女所感受到的工作－家庭冲突的不同影响（许琪、戚晶晶，2016）。家庭投入、家庭时间承诺、孩子年龄、配偶支持、家庭经济状况等来自家庭领域的因素会对工作－家庭冲突产生影响（刘云香、朱亚鹏，2014）。

在我国由计划经济向市场经济转型过程中，学龄前儿童的抚育模式转向以市场理性选择为主的家庭和个人责任，育儿让工作着的母亲深感压力，母亲角色与职业角色间的冲突加剧（佟新、杭苏红，2011）。在目前生育政策调整完善的背景下，工作－家庭冲突对女性的就业影响尤其值得关注。现阶段全国符合"二孩"政策条件的夫妻约有 9000 万对，据测算，60% 在 35 岁以上，50% 在 40 岁以上[①]，他们若生育二孩，育儿的压力、社会的期待将使职业女性不得不面对生育与职业发展、家庭和事业之间的紧张关系和角色冲突。当生育的二孩达到入园年龄时，女性的年龄大部分在 40 岁左右，她们极有可能丧失最佳的就业机会（宋全成、文庆英，2015）。由此可见，育儿压力会通过工作－家庭冲突而影响女性的劳动参与。

3. 职业流动

本书中的职业流动是指，同一代中个体现职地位与初职地位的差异，个体在职业生涯周期内更换不同职业，带来职业地位的变化的过程构成了职业流动经历。在职业生涯中，人们的初职地位、受教育程度以及父亲的职业地位等，对本人现职地位的获得具有极其重大的影响（张翼，2004），王春光（2003）的研究也得出了相同的结论，认为一

[①]《我国 9000 万对夫妇符合全面两孩政策 60% 年龄超 35 岁》，中央政府门户网站，http://www.gov.cn/xinwen/2016-01/11/content_5032116.htm，最后访问日期：2022 年 11 月 20 日。

个人的现职获得在很大程度上受其初职的影响。在我国，改革开放引入了市场和竞争机制，教育、专业技能等人力资本因素对个人职业流动的重要影响更加凸显。对西方国家的研究也发现，婚姻以及家庭给女性的职业发展带来的负面影响要大于男性，家庭是女性职业流动决策的主要影响因素之一（宋月萍，2007a）。

职业流动的方向（或类型），取决于不同职业的相对地位，只有定义了职业地位，才能据此来测量流动的方向和距离。对于职业流动的类型，国外学者大多采用两种方法来测量职业流动的类型，即通过专业技能分值（Specific Vocational Preparation）与职业声望分值（Occupational Prestige Score）的变化来测定（Omori，2003）。在国内学术界，对于职业地位，通行的做法是用各职业的社会经济地位指数来测量。在得到不同职业的社会经济地位指数后，依据各个职业的相对地位，来确定个人职业流动的模式，比如有学者将目前我国的职业流动模式分为未曾流动、向上流动、向下流动和水平流动四种类型（宋月萍，2007a）。本书主要从过程的角度，来分析女性在生育后所经历的职业地位或阶层位置的变化，包括了生育后的职业中断经历、目前职业地位的获得以及职业流动的类型等。

二 相关理论

1. 生命历程理论

20 世纪 60 年代，以美国埃尔德（Elder）为代表的生命历程研究在国外得到了迅速发展，吸引了大量研究者的关注，它是一种跨学科的理论分析视角，主要用于分析受时间变化和特定的文化经济社会影响的个体生活状况。生命历程，是指个体在一生中会不断扮演的社会规定的角色和经历的事件，这些角色或事件的顺序是按年龄层级排列的；生命历程理论极力寻找一种将生命的个体意义与社会意义相联系的方式，而时间维度是寻找这种联结的重要方向（转引自包蕾萍，2005）。生命历程理论强调，生命历程具有连贯性特点，个体早期经历的事件会影响其以后的生活机会选择（Elder，1998）。显然，按照生命历程理论的观点，生育和抚育子女，是个体生命历程中的重大事件，它会对女性的就业参与产生一定的影响。生育会带来照料负担、经济压力或教育责任的增加，当女性无法有效地平衡家庭角色与工作角色，又缺乏有效的育儿支持时，考虑到育儿成本、子女健康成长、家庭经济状况等因素的影响，部分女性会做出中断职业而回归家庭的决定。职业中断会增加人力资本贬值的风险，而职业中断时间的长短又会影响其重返劳动力市场的时机选择和职业选择，最终导致不同类型的女性获得不同的职业地位，形成不同的职业流动模式。

2. 人力资本理论

"人力资本"的概念最早由亚当·斯密提出；舒尔茨在 20 世纪 60 年代第一次系统提出了人力资本理论，他也被西方学术界誉为"人力资本之父"；贝克尔于 1975 年再版的《人力资本》，奠定了人力资本理论的微观经济分析基础；目前，人力资本理论已经形成了比较完整的体系。关于"人力资本"的概念，不同学者有不同的界定。舒尔茨认为，人力资本是凝聚在人身上的知识、技能和健康等，这些是通过教育、职业训练等人力投资而获得的；2001 年，OECD 报告认为人力资本是个人拥有的能够创造个人、社会和经济福祉的知识、技能、能力和素质（逯进、周惠民，2012）。人力资本具有五个特征，即人力资本是一种无形资本，具有时效性，具有收益递增性，具有累积性，以及具有无限的潜在创造性（王忠，2012：107）。本书将人力资本界定为劳动者所拥有的知识、技能和劳动熟练程度，它可以通过正规教育、在职培训、工作经验等人力投资途径而获取。进入不同职业并取得成功所需要的人力资本的数量和类型大有不同。按照人力资本理论的观点，不同职业所需要的人力资本的数量和质量存在较大差异。同时，个人会努力让自己的人力资本投资收益最大化。在某种程度上，由于女性比男性有更多的工作中断，工作中断常意味着人力资本积累的减少或中断，现有的人力资本存量会面临不断贬值的风险。因此，当女性职业中断后重返劳动力市场时，她们会选择资本贬值相对较小的职业类型。

3. 社会支持理论

20世纪70年代，"社会支持"作为一个专业术语被精神病学界专家正式提出来。此后，人类学、社会病理学、社会学等领域学者对其进行了多视角的研究，并且取得了非常丰富的成果。尽管有关社会支持的文献大量涌现，但是研究者对该概念的界定、测量和理论解释存在较大不同（转引自张丽珊，2013：455）。在国外，库恩等人将社会支持区分为归属性支持、满足自尊的支持、物质性支持和赞成性支持四种；考伯则将社会支持区分为情感性支持、网络支持、满足自尊的支持、物质性支持、工具性支持和抚育性支持；卡特纳和罗素将社会支持区分为情感性支持、社会整合或网络支持、满足自尊的支持、物质性支持、信息支持。著名华人学者林南综合了众多学者的讨论得出了一个综合的定义，认为社会支持是由社区、社会网络和亲密伙伴所提供的感知的和实际的工具性或表达性支持（转引自倪赤丹，2013）。国内学者的定义也不尽相同。比如方曙光认为，作为一种行动和情感分享，社会支持是指个体从他人、群体、组织和社区中得到的各种形式的关心、扶持和帮助，其本质是一种物质救助、生活扶持、心理慰藉等社会性行为（方曙光，2012）；从支持系统来看，社会支持可涵盖制度支持、组织支持和工作相关支持三个子系统（倪赤丹，2013）。

本书主要从互动与功能取向的角度来界定这一概念。相对个人的内在资源来说，社会支持一般是指来自个人之外的各种支持的总称，主要是那些持久的社会联系，它把个体和建设性的资源联系起来以达到有效的个人适应（陈晓云，2001），指的是一组个人接触，透过这些接触个人维持其社会身份并且获得情绪支持、物质援助和服务、讯息与新的社会接触（宋丽玉等，2002：289）。通过社会支持网络的帮助，人们解决日常生活中的问题和危机，特别是应对一些压力事件，在其中社会支持可发挥缓冲效应（Lloyd，1995）。从内容来说，社会支持还可以区分为实际的支持和感知的支持，前者是指客观的事实，后者则是个人主观的评量，两者之间并非完全一致，这主要取决于个人对他人的期待多寡（宋丽玉等，2002：290）。本书中，通过对定量数据资料的分析，获知了女性在面对冲突或压力事件时得到的实际支持；通过对质性资料内容的分析，获知了女性得到的感知支持情况。从支持主体来看，社会支持可分为非正式的社会支持和正式的社会支持两类。可将非正式的社会支持界定为女性的家庭成员、亲属等向其提供的经济支持、情感支持与照料支持等支持内容；可将正式的社会支持界定为政府部门以及其他社会机构对女性生育与就业提供的物质支持、生活照顾、政策支持、托幼服务、就业服务等支持内容。

4. 社会性别理论

"社会性别"的概念是在 20 年纪 70 年代以后发展起来的女性主义学术概念。与性别（sex）不同，社会性别（gender）不是指生理上的、自然的性别差异，而是指社会结构和意识中存在的性别差异。作为一种社会机制，通过建立对个人的社会期望，影响个人的社会生活，其作用已渗透到社会的各个领域和方面，包括家庭、经济、政治、意识形态等。从一定意义上说，社会性别不仅是一种社会关系，也是社会结构的一个方面（谭琳、陈卫民，2001：1~14）。社会性别理论认为，男性和女性的角色和行为的差异是由制度因素和文化因素造成的。个人性别定位的刻板限制了自身的发展机会，女性和男性同样都受到这些因素的制约，不能很好地发挥自己的潜能和价值。而在性别不平等的制度约束下，社会对女性的期望已超过了其角色和行为。女性的生理结构决定了其要承担生育任务。然而，当社会规范将家务劳动等分工归功于女性时，女性参与社会活动的角色也被"标签化"。人们现有的性别观念的形成受社会的影响，是"社会化"的过程（宋月萍，2007b）。

我国男女两性的性别观念目前处于从传统到现代的过渡阶段（刘爱玉、佟新，2014），但传统的"男主外，女主内"的性别观念依然根深蒂固。市场经济的发展对人们的性别关系和性别角色观念会产生一定的影响。近年来，"妇女回家""干得好不如嫁得好"等传统的社会性别话语开始流行或引起热议。第三期中国妇女社会地位调查数据显示，对"男人应该以社会为主，女人应该以家庭为主"的观点，男性的认同占比较女性高 6.8 个百分点，与 2000 年相比，男女两性的认同占比分别提高了 7.7 个百分点和 4.4 个百分点；而对"干得好不如嫁得好"的说法，有 44.4% 的被访者表示认同，男女两性对此认同的比例比 2000 年分别上升了 10.5 和 10.7 个百分点（第三期中国妇女社会地位调查课题组，2011）。社会文化环境的变化对女性生育后的职业选择与职业流动都会产生重要的影响。在本书中主要探讨现有的社会性别角色规范如何影响女性生育后的就业选择及职业流动情况。

第二节 分析框架、研究方法和创新之处

一 分析框架

本书通过系统的理论分析和实证研究，深入探讨生育对女性职业流动的影响。本书首先进行了文献的梳理与回顾，并简要介绍了相关概念与基本理论，在此基础上建立了分析框架。然后文章运用定量和质性相

结合的研究方法展开对问题的分析。在定量方法方面，主要从过程的角度分析女性生育后的暂时退出（职业中断经历）、重返职场（现职获得）、重返后的职业流动状况（职业流动方向）等问题，描述基本状况和主要特征，探讨生育对女性职业流动产生的影响和作用机制；在质性研究方法方面，亦从过程的角度探讨不同类型的女性职业流动的心路历程以及面临的现实困境，并和定量的数据分析形成相互印证。在上述研究的基础上，提出相应的、可行的并具有一定前瞻性的政策建议，以支持女性更好地实现育儿与工作的平衡与促进。本书的分析框架如图 2 - 1 所示。

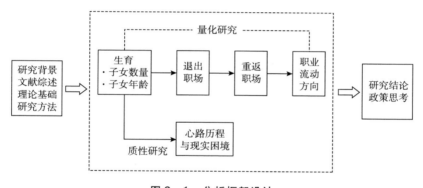

图 2 - 1　分析框架设计

本书的整体结构可划分为三个部分：研究问题的阐述、实证研究、研究结论及政策建议。

第一部分包括第一章和第二章的内容，主要是研究问题的提出和阐述。

第一章 "导论"。介绍本书的选题背景和研究意义；梳理、总结、归纳了本领域已有的国内外研究成果，并进行了简要评价，指出本书进一步研究的价值。

第二章为 "女性职业流动相关概念和理论"。在对生育、职业流动等相关概念，以及社会支持理论、社会性别理论等进行介绍的基础上，提出本书的研究思路、分析框架和研究方法，并对本书的主要创新点和调查资料的基本情况进行简要阐述。

第二部分包括第三章至第六章，主要运用 2010 年第三期中国妇女社会地位调查数据，以及笔者在 A 省所做的实地调研，从定量和定性两个角度分别探讨生育对女性职业流动的影响。

第三章为"退出职场：生育与职业中断经历"。该章主要考察女性生育后的职业中断经历问题，首先分析女性职业中断的基本状况和主要特征，然后进一步分析生育对女性职业中断产生的影响与作用机制。

第四章为"重返职场：生育与现职获得"。该章首先描述生育女性的职业发展状况和主要特征，然后在此基础上，进一步分析探讨生育对女性就业方式选择和职业地位获得的影响与作用机制。

第五章为"重返职场后的职业流动：生育与职业流动方向"。该章主要考察生育女性职业流动的基本状况和主要特征，以及生育对女性职业流动方向产生的影响与作用机制。

第六章为"生育女性的职业流动：心路历程与现实困境"。该章主要运用定性资料，分析不同类型的生育女性职业流动的心路历程，以及在现实情境下面临的主要困难，在此基础上揭示个体职业中断经历、就业方式选择、现职获得以及职业地位变化的深层次原因。

第七章"研究发现与政策建议"为本书的第三部分。依据前面的分析总结和研究发现，展开进一步讨论。最后提出，女性要实现育儿与工作的平衡，需要政府、市场、社会、家庭等多方力量共同参与、协商与合作，建立起完善的生育与就业支持体系。

二　研究方法

1. 以问卷为基础的定量研究和以访谈为基础的质性研究相结合的方法

本书采取定量研究和质性研究相结合的研究方法，以定量方法为主，以质性方法为辅。在社会科学研究中，一直存在着定量方法与定性方法的争论。一般认为，定量研究侧重于且较多地依赖于对事物的测量和计算，主要目标是"确定"变量之间的关系、相互影响和因果联系；而质性研究则侧重和依赖于对事物的含义、特征、隐喻、象征的描述和理解，目标是深入地"理解"社会现象（风笑天，2009：13）。定量研究方法能够通过分析一些具有代表性的样本来推论总体，但是它难以获得更为深入的信息，容易忽略具体社会过程和深层次动机，而质性研究方法有利于发掘某一社会事件的深层次原因，有利于对观察对象的细微之处予以把握，但是其结论不具有普遍性（陈向明，1996；李强，2009）。进一步来说，定量研究中的问卷法所提供的大规模数据可以建构起有关外部行动和若干群体性变量之间的相关模型。同时，通过质性研究中的访谈法可以理解这些行动所基于的社会历史意义，以及行动本身所可能具有的因果逻辑。如果没有对相关行动的理解，统计分析所建构的相关模型将只能是一些空洞的表象，人们甚至都无法知道自己所操弄的那些变量之间的相关性对于其研究对象而言可能意味着什么，也无法判断这些变量的相关关系可以怎样转化为因果的解释（郑震，2016）。

实际上，质性研究和定量研究都有各自的局限性。如果在实际研究过程中严格地把两者区别开，只提倡或偏重其中一种方法，有时可能会出现偏差（谢宇，2006：3）。而且，定量研究与质性研究二者之间也不存在孰优孰劣的问题，在认识社会现象的过程中，它们发挥着各自不同的作用（风笑天，2009：14）。因此，根据本书研究主题的需要，采用定量研究与质性研究相结合的方式，充分利用两种方法各自的优势来选择研究方法与建构分析框架。本书主要通过对数据资料的分析探讨生育对女性职业流动的影响，获得研究结论；通过质性研究方法，可以理解不同类型的生育女性职业选择行为背后的意义以及行动本身所具有的因果逻辑，这一方面可以弥补宏观数据的不足，另一方面也可与定量的分析数据形成相互补充和相互印证，从而达到对问题更加深入的理解和剖析。

2. 收集资料的方法

本书基于对女性生育和职业流动关系问题的关注，结合相关文献研究资料和调查数据资料，提出要研究的问题。根据本书主题的特点，主要采用以下三种方法收集资料，开展研究。

（1）文献法

本书查阅了国内外文献资料，围绕生育与职业流动问题的相关理论、政策及理念、问题、对策等内容进行系统梳理。查阅文献，一方面可以为本书提供一定的研究资料和研究思路，另一方面也为本书建构的分析框架提供理论支撑和研究依据。同时，通过文献梳理分析现有研究中存在的问题和不足之处，可以为本书的着力点和创新点的确定提供方向和思路。

（2）问卷法

本书主要是运用问卷调查获得的数据展开分析，得出研究结论。问卷调查数据来源于 2010 年全国妇联和国家统计局联合组织的第三期中国妇女社会地位调查。调查的内容涉及个人在健康、教育、经济、社会保障、政治、婚姻家庭、生活方式、法律权益和认知、性别观念和态度等九个方面的经历、行为和态度资料，以了解和反映女性社会地位的现状和变化。根据研究主题，本书选取了其中一部分涉及生育与职业流动方面的调查内容进行分析。在此需要说明的是，中国妇女社会地位调查每十年开展一次，在本书即将完成之时，2020 年开展的第四期中国妇女社会地位调查数据仍未正式发布，因此无法利用最新的数据资料来深入探讨生育对女性职业流动的影响。尽管存在着数据方面的局限性，但就研究的主题来看，近几十年来，女性作为育儿责任的主要承担者，与未生育女性相比，由生育带来的照料负担、经济负担、教育负担等问题，在某种程度上都会影响女性的职业选择、职业地位的获得以及职业流动等，这在国内外都是一个普遍存在的问题。因此，运用第三期中国妇女社会地位调查数据进行分析仍具有较好的解释力。

（3）访谈法

生育政策的调整完善可能会带来一些新的问题，同时为弥补宏观数据的不足，需要对研究问题开展进一步的深入调研。因此，笔者于2016 年 11 ~ 12 月，根据研究主题涉及的调研对象，在 A 省的 B 市、C市、D 市 Z 区、E 市等地进行了实地调研。调查地点的选取主要基于以下两点：一是方便调查的原则，二是调查地的特点。D 市 Z 区和 E 市是国务院妇女儿童工作委员会确定的"中国妇女、儿童发展纲要国家级示范县（市、区）"（2016 ~ 2020 年），C 市在促进女性就业创业方面提供了许多较好的经验做法，B 市是省会城市。它们分别代表了一种城市类型。笔者在四个地市采用座谈会和入户访谈两种方法收集了较为丰富而翔实的资料。具体来说，包括全职妈妈座谈会、子女已婚人员座谈会、决策部门与用人单位座谈会，以及对女性个人及其家庭成员的入户访谈等，了解了不同群体和个人对生育与职业流动相关问题的看法、面临的困境及政策建议等。在征得被访问者同意的情况下，所有访谈均做了现场录音。

3. 分析资料的方法

本书对收集的定量数据资料和实地调研资料采取了不同的分析方法。对定量的数据资料，本书是基于社会支持和社会性别理论，并在充分考虑目前中国的国情和现实境况的基础上，构建职业流动分析模型，采用均值分析、交叉分析、方差分析、二元 Logistic 回归分析、无序多分类 Logistic 回归分析、OLS 回归分析等技术来展开描述性分析和模型估计结果的解释。以上数据分析和模型设定均是通过 SPSS 26.0 分析软件来实现的。对实地调研资料，围绕座谈会、个人深度访谈的录音资料和现场的简要文字记录，寻找出关键语句和内容，对所有的录音资料均进行了逐字的转录整理。另外，还对相关单位提供的有关文件材料进行了内容整理。具体分析问题时，采取内容分析的方式解释相关文字，以与定量的数据资料形成相互印证。

三　资料来源说明

本书的分析资料主要包括两部分，一部分是第三期中国妇女社会地位调查，另一部分是笔者于 2016 年在 A 省部分地区所做的实地调研。

1. 第三期中国妇女社会地位调查数据

本书所使用的数据，主要来源于 2010 年第三期中国妇女社会地位调查个人主问卷。该调查是全国妇联和国家统计局继 1990 年、2000 年第一期、第二期中国妇女社会地位调查后组织的又一次全国性抽样调查，旨在获取全国妇情，进而为党和国家制定促进女性发展、推动性别平等的方针、政策和规划纲要提供科学依据。调查采用按地区发展水平分层的三阶段不等概率（PPS）抽样方法选取样本，数据结果具有较好的代表性和可信度。个人主问卷部分的调查对象是 18 ~ 64 岁人群，基于本书研究的需要，主要选取其中 18 ~ 49 岁城镇已婚育龄妇女作为研究对象，有效样本数为 3988 人，并以具备同样条件的男性样本资料（3174 人）作为展开比较分析的参考资料。

关于女性样本的人口社会学特征，结果如表 2 - 1 所示。总体来看，样本呈现以下几个方面的特点。第一，年龄偏大。年龄在 40 ~ 49 岁的占 46.6%，女性的平均年龄为 38.4 岁。第二，受教育程度相对偏低。受教育程度主要集中在初中（34.6%）和高中/中专/中技水平（31.1%），初中水平所占比例最高。第三，有 2 个孩子的女性比重相对较低。有 2 个孩子的女性占总样本量的 19.5%，这和我国执行了 30 多年的独生子女政策

有较大关系。第四，子女处于学龄前阶段的女性约占 1/4。有 6 岁及以下
特别是 3 岁及以下子女的女性，家庭照顾压力最大，父母尤其是母亲，
投入较多的时间和精力陪伴子女健康成长，这对女性的职业发展会产生
一定的影响。第五，不在业女性比例较高。有超过 1/4 的女性目前处于
不在业状态，与女性因家庭责任离开劳动力市场有较大关系。

表 2 - 1　女性样本的人口社会特征

单位：（人、%）

个人基本特征	频数	有效百分比	个人基本特征	频数	有效百分比
年龄结构			子女的年龄		
29 岁及以下	438	11.0	0 ~ 3 岁	567	14.2
30 ~ 39 岁	1691	42.4	4 ~ 6 岁	442	11.1
40 ~ 49 岁	1859	46.6	7 ~ 12 岁	1010	25.3
受教育程度			13 岁及以上	1955	49.0
小学及以下	355	8.9	缺失值	14	0.4
初中	1378	34.6	就业状态		
高中/中专/中技	1239	31.1	在业	2786	69.9
大专及以上	1016	25.5	不在业	1122	28.1
子女数量			缺失值	80	2.0
1 个孩子	3210	80.5			
2 个孩子	778	19.5			

2. 实地调研资料

实地调研资料来源于作者于 2016 年 11 ~ 12 月，在 A 省的 B 市、C
市、D 市 Z 区、E 市等地所做的调查。具体来说，包括组织了 1 次全职
妈妈座谈会、1 次子女已婚人员座谈会、3 次决策部门与用人单位座谈
会，以及对 23 名女性个人及其家庭成员的入户访谈。全职妈妈座谈会
主要是了解全职妈妈群体关于生育对女性就业的影响的看法，对生育和
生育保险制度的看法，对建立 1 ~ 3 岁托幼机构的看法以及对支持女性
兼顾生育与就业、保障男女平等就业权利的政策建议；子女已婚人员座

谈会主要是了解被访者关于生育对女性就业影响的看法，对子女生育的态度，对生育保险制度的看法，对建立 1~3 岁托幼机构的看法以及对支持女性兼顾生育与就业、保障男女平等就业权利的政策建议；决策部门和用人单位座谈会由卫计委、人力资源和社会保障部门、民政部门、教育部门、工会、妇联和不同类型单位的部门负责人参加。决策部门和用人单位座谈会主要是了解决策部门对生育政策调整完善与女性就业关系的认识，为保障女性生育和就业权益、平衡工作与家庭所采取的措施和经验做法及存在的问题与困惑，对出台生育政策调整完善配套政策措施的建议等，以及生育政策调整完善对用人单位人力资源政策的影响及其对国家出台相应配套政策措施的需求和建议。

女性个人访谈主要是了解女性的生育与就业经历的心路历程、育儿与职业发展的冲突，以及对生育政策调整和完善配套政策的需求；对家庭成员（选择配偶或者父母/公婆）的访谈主要是了解家庭成员对女性生育与就业的看法、对子女照顾的支持状况，以及对生育政策调整和完善配套政策的需求等。

在选择个案访谈对象时，兼顾了女性的年龄、文化程度、子女数量、子女年龄、家庭状况、职业、单位类型等因素。23 位个人深度访谈对象包括了 8 位全职妈妈、5 位从事兼职工作的女性和 10 位从事全职工作的女性。其基本情况分布如下。

8 位全职妈妈：1 人为 90 后，2 人为 70 后，其余 5 人为 80 后。一孩家庭 4 人，二孩家庭 4 人；子女年龄大多在 12 岁以下，有 5 位妈妈有 3 岁及以下婴幼儿。

5 位从事兼职工作的女性：5 人均为 80 后。一孩家庭 1 人，二孩家庭 4 人（2 人正在孕育二孩）；子女年龄以学龄期儿童为主，其中二孩家庭中一般都有学龄前儿童。

10 位从事全职工作的女性：2 人为 70 后，其余 8 人为 80 后。一孩家庭 5 人，二孩家庭 5 人（2 人正在孕育二孩）；子女年龄大多在 12 岁以下，以学龄前儿童为主。

四 创新之处

本书的创新点集中体现在以下三个方面。

1. 研究问题的新视角

以往对女性职业流动问题的研究，多综合分析个人、家庭、文化、制度、政策等各种因素对其职业流动的影响，忽略了女性生命周期和职业流动过程中的特殊因素。本书试图从生育角度探讨对女性职业流动的影响，尤其注意分析女性职业流动过程中，引起职业地位变化的关键和重要的影响因素，以便能更为深入地从职业地位变化出发，分析女性社会地位的变化状况，在一定程度上拓展了研究的视野。

2. 尝试从过程维度系统探讨生育对职业流动的影响

以往国内外学者在探讨生育对女性职业流动的影响时，多侧重于对职业中断、劳动力市场退出、就业类型选择、职业晋升、职业发展、职业地位等单一方面的探讨，这很容易造成研究的相对片面化、简单化，也难以有效解释很多现象。职业流动是一个过程，生育作为女性生命历程中的重大事件，对其职业流动的影响体现在这一过程中的不同阶段，因此，本研究从生育后的职业中断经历、就业方式选择与现职获得、职业流动方向等方面进行深入分析，挖掘产生影响的作用机制，探讨其背后的政策意涵，总结归纳生育所带来的女性群体内部的职业地位差异与分化情况，可为今后女性职业流动问题的进一步深化研究奠定基础。

3. 提出了建构女性实现工作－家庭平衡的社会政策支持和服务体系的政策建议

通过利用全国性样本数据和实地调研资料，分析了生育对女性职业流动的影响和作用机制，以及女性职业流动的心路历程和现实困境，在此基础上，提出了多方力量共同参与，将社会性别意识纳入决策主流，建构具有社会性别敏感性的社会政策支持和服务体系的建议，以减轻家庭责任和就业所赋予女性的双重负担，促进女性工作－家庭平衡，保障女性的生育权和平等就业权。

第三章
退出职场：生育与职业中断经历

　　本章开始实证分析生育对女性职业流动的影响。在关于女性就业的主流研究中，影响女性参与劳动的主要微观因素包括女性受教育程度、家庭的经济需要以及女性的家庭责任（吴愈晓，2010）。家庭责任对就业的影响主要体现在婚姻及未成年子女的状况对其劳动参与的影响。我们知道，就业对女性有着非常重要的意义，不仅可以为其生存和发展提供诸多机会，也更能证明其作为一个人的独立性和社会价值。目前在很多家庭中，女性依然承担着主要的育儿责任，当女性不得不面临家务劳动、照料子女和工作等多重压力时，基于各种因素的综合考量，她们有可能会做出放弃职业发展而回归家庭的选择。依据前述的相关概念、理论和分析框架，本章主要探讨生育行为对女性暂时退出劳动力市场的影响。

第一节　女性职业中断的状况和主要特征

　　职业中断是指在劳动者职业生涯过程中，因某种原因自愿或被迫退出劳动力市场，处于既没有工作也没有劳动收入的阶段。第三期中国妇女社会地位调查个人主问卷的数据显示，城镇 18 ~ 49 岁已生育女性

（3988 人），除去从未就业的女性和缺失值外（288 人），从"开始工作到现在或退出生产劳动前"，有 38.8% 的人（1436 人）有过半年及以上不工作也没有劳动收入的职业中断经历，在男性中（共 3174 人），除去从未就业的男性和缺失值外（32 人），有 21.0% 的人（660 人）有过职业中断经历。本节主要分析职业中断的性别差异状况，特别是女性生育型职业中断的主要特征。

一　职业中断的性别差异状况

1. 职业中断女性的受教育程度略低于男性

数据显示，职业中断女性（1436 人）与男性（660 人）的受教育程度普遍较低，均集中在初中和高中/中专/中技水平。相比较而言，女性受教育程度略低于男性。主要表现在：职业中断女性中，受教育程度为初中的女性比例为 43.3%，比男性低 0.3 个百分点（职业中断男性初中受教育程度的比例为 43.6%）；受教育程度处于高中/中专/中技水平的女性比例为 35.0%，比男性低 1.7 个百分点（职业中断男性受教育程度处于高中/中专/中技水平的比例为 36.7%）。这与总体上受教育程度的性别差异相一致。近年来，随着义务教育的推行和高等教育的扩张，这一差异正在进一步缩小：1990 年，平均受教育年限的男女差距为 1.9 年，到 2000 年缩小为 1.3 年（吴愈晓，2010）。

2. 女性职业中断比例高于男性

从职业中断的比例来看，数据显示，女性有过职业中断经历的比例为 38.8%，而男性有过职业中断经历的比例为 21.0%，比女性低了 17.8 个百分点。这与近年来城镇女性劳动参与率出现下降的趋势相吻合。统计数据显示，1990 年 25～49 岁黄金劳动年龄段女性的劳动参与率为 91.0%，2000 年下降到 87.6%，2010 年则进一步下降到 83.2%（沈可、章元、鄢萍，2012）。

3. 女性主要因家庭责任中断职业，男性常因失业被迫中断职业

从中断原因来看，在 1436 名曾有过职业中断经历的女性中，60.9% 的女性（875 人）职业中断的原因是结婚生育或照顾孩子；男性职业中断的主要原因是失业/单位兼并重组/破产倒闭（49.3%），因生育或照顾孩子因素中断就业的仅占 5.0%（33 人）。由此可见，女性的职业路径经常因为生育、抚育子女或其他家庭责任而被中断，面对育儿与工作难题，更多的是女性放弃事业，暂时退出劳动力市场，回归家庭照料子女。

4. 女性的职业中断时间比男性长

男性平均最长中断时间为 26.2 个月，女性平均中断时间为 41.9 个月，女性比男性多了约 16 个月时间。41.9 个月，也就是约 3 年半的时间，从育儿的角度看，正好与抚育子女成长的关键期相一致，说明女性因家庭原因中断职业的时间与抚育婴幼儿时间一致。

二　女性生育型职业中断的主要特征

在 1436 名曾有过职业中断经历的女性中，从具体的职业中断原因来看，有 60.9% 的女性（875 人）是因为结婚生育/照顾孩子而中断就业，本书将其称为生育型职业中断。以下以 875 名女性作为主要分析样本，对其主要特征进行描述，并与其他城镇男女数据展开比较分析。

1. "三高一低"的人口学特征

"三高"主要表现在以下三个方面。第一，女性平均年龄较高。18～49 岁有过生育型职业中断经历的女性群体的平均年龄为 36.2 岁，其中年龄在 30～39 岁的占到了一半多（52.7%）。第二，健康状况一般的女性比例相对较高。约有 30% 的女性自评健康状况一般，有 22.7% 的女性在调查时的一个月之中有时或经常感觉到身心疲惫，说明很多女性处于亚健康状态。第三，初始职业集中在商业服务业领域的女性比例高，有超过 1/3（36.4%）的女性的初始职业为商业服务业人员。"一低"主要表

现为女性受教育程度普遍偏低。数据显示，生育型职业中断女性的平均受教育年限为9.56年，受教育程度主要集中在初中和高中/中专/中技水平。其中，初中受教育程度的女性比例最高（44.9%），受教育程度处于高中/中专/中技水平的女性比例为31.9%。

2. 女性初育年龄偏高，生育二孩和有婴幼儿或学龄前儿童的女性所占比重相对较高

具体来说，第一，晚育女性比例高。按照婚姻法女满23周岁为晚婚的规定，数据显示，生育型职业中断女性中晚育比例高，平均初育年龄为25岁，其中24岁以后生育的女性约占2/3（66.9%），这可能和近些年女性受教育时间延长、初婚年龄推迟有一定的关系。第二，22.5%的女性生育了2个孩子。在执行了30多年的独生子女政策背景下，这一比例相对还是比较高的。第三，三成多的女性有6岁及以下子女。在生育型职业中断女性中，有12岁及以下子女的比例为65.8%，有6岁及以下子女的比例为35.7%，有3岁及以下子女的比例为19.7%，年幼的孩子一般需要女性花费较多的时间陪伴其健康成长。关于这一点，也可以从女性的生育时间加以验证。52.2%的职业中断女性生育时间在2001～2010年（样本调查时间为2010年12月），也就是说，子女的年龄集中在0～10岁，正好属于学龄期或学龄前儿童。

3. 较长的职业"空窗期"

数据显示，生育型职业中断女性的职业"空窗期"相对较长，平均最长中断时间为3.2年，中断时间在一年以内的占20.7%，在两年以内的占48.0%，在三年以内的占68.1%，这与3岁及以下的婴幼儿普遍需要女性提供更多照料的实际情况相符合。中断时间的长短与子女数量也有一定的关系，从生育子女数来看，生育一孩的女性的平均最长中断时间为3年，而生育二孩的女性的平均最长中断时间为4年，比生育一孩的整整多了一年的时间。此外，也可从生育期（也即生育间隔）的角度加以印证。在有 2 个孩子的 197 名女性中，生育间隔在 3 年以下和 4 年以下的比例分别为 27.6% 和 39.2%。生育间隔期越短，意味着女性在短期内要承担同时抚育多名子女的压力，这与职业中断时间长短有着内在的一致性。

4. 女性面临较为沉重的家务劳动负担

在育儿阶段，特别是当子女年龄较小时，女性会面临家务劳动时间增多、照料压力增大等问题。下文以家务劳动为例加以说明。调查数据表明，对于"谁承担的家务劳动更多"的问题，75% 的女性回答是自己。有职业中断经历的女性用于家庭的时间普遍较多，每天的平均家务劳动时间为 176.1 分钟，生育二孩的女性家务劳动时间更长一些，平均为 203.0 分钟。这一数据明显高于 18~49 岁城镇已育男女的平均家务劳动时间（女性为 157 分钟，男性为 58.6 分钟），甚至有 39.8% 的女性在平时看电视的时候，有时或经常还要同时做一些家务活。此外，女性近一年承担家务劳动情况的数据，更加印证了男女不平等的家庭责任分担。数据显示，在照料孩子生活、辅导孩子功课、日常家庭采购、洗衣服与做卫生、洗碗、做饭等方面，每一项都承担了"大部分"和"全部"的女性比例均在 60% 以上，女性承担洗衣服与做卫生的比例更是高达 80.8%。事实上，将近一半的女性（48.3%）有过"为了家庭而放弃个人发展机会"的经历。这一状况与女性认同的传统性别观念可能有一定的关系。数据表明，整体上，有一半左右的女性比较认同传统的性别角色分工观念，包括"男人应该以社会为主，女人应该以家庭为主"（47.1%）、"挣钱养家主要是男人的事情"（47.9%）和"丈夫的发展比妻子的发展更重要"（57.8%）。实际上，男性的认同度更高，比如，有 61.6% 的男性认同"男人应该以社会为主，女人应该以家庭为主"的观点（第三期中国妇女社会地位调查课题组，2011），比女性高了约 15 个百分点。

5. 就业中断女性的生育支持较为匮乏

这可能也是女性职业中断的一个重要因素。第一，普遍缺少生育保障。数据表明，职业中断女性大多缺少基本的生育支持。女性分娩费用全部自费的比例高达 80.8%，享受定额补贴和部分报销的占 14.0%，全部免费/报销的仅占 5.2%。生育津贴以产假期间的收入变化情况来说明。六成多的女性产假期间没有收入（63.2%），只有基本工资的占19.3%，与产前差不多的占 14.1%，只有部分生活补贴和其他的占3.4%。由此看来，目前我国生育保险确实存在覆盖范围窄、待遇低的问题。第二，照料支持不足。3 岁及以下婴幼儿的抚育是很多女性面临的最大难题，即"谁来带孩子"的问题。实际上，在全面"二孩"和"三孩"政策实施的背景下，照料压力成为很多家庭不愿意生育二孩、三孩的主要原因。对于调查问卷中"最后一个孩子/这个孩子 3 岁以前白天主要由谁照顾"的问题，数据显示，由女性本人照顾的比例高达71.9%，由本人或配偶的父母来照顾的占 24.7%，由配偶、其他亲戚等照顾的占 1.4%，而公共服务支持力量非常弱，仅占 2.0%（保姆/家政工占 1.0%，托儿所/幼儿园占 1.0%）。同时，有 12.0% 的女性的子女在 3 岁以后没上过幼儿园或只上过学前班，一个重要原因是附近没有合适的幼儿园（33.7%）。此外，配偶能够享受 7 天带薪陪护假的女性只有 17.2%，39.6% 的女性无配偶陪护假。在托幼机构短缺、保姆费用偏高及安全顾虑、家庭支持不足的现实情境下，部分无法协调家庭 - 工作冲突的职业女性，只能中断就业，暂时回归家庭。

第二节　生育对女性职业中断的影响

在现代社会中，女性扮演着作为母亲、作为照料者、作为家务劳动的主要承担者以及作为就业者等多重角色，工作和家庭作为个体生活的两个重要领域，常常会由于精力、时间等资源限制而无法有效兼顾家庭和工作的多重角色，产生角色冲突和矛盾。依据文献回顾，生育和抚育子女会对个体的多重角色形成压力，从而影响到女性的就业选择。本节重点探讨生育对女性职业中断的影响。

一　变量的选择与测量

1. 因变量

本章的因变量为女性的职业中断经历。该变量基于问卷中的两个调查问题。一个问题是"从开始工作到现在/退出劳动力市场前，您是否有过半年以上不工作也没有劳动收入的情况"，该问题有两个备选答案，分别为"0 没有"和"1 有"。回答"1 有"的被访者继续填答"主要原因"的问题，共有 9 个备选答案，包括婚育、照顾老人、支持配偶发展、健康、求学、失业等。其中答案"01"为"结婚生育/照顾孩子"。笔者将其处理为"是否有过因婚育/照顾子女而中断工作的经历"的问题。将"有过"赋值为 1，"没有过"赋值为 0。数据分析时将其作为虚拟变量纳入模型。

2. 自变量

基于文献回顾和研究目标，本章将子女的年龄和子女数量作为主要自变量。

（1）子女年龄

国外和国内部分学者的研究对自变量的选择基本上限定为 6 岁及以下的子女及其数量，此年龄段正是子女需要更多照料的时期，也是子女成长教育的关键期，因此本章也将子女年龄限定为 6 岁及以下。同时，有 6 岁及以下子女的女性主要集中在 30 岁左右，正处于事业发展的上升期，研究其是否会因为子女的"三育"（生育、养育、教育）问题暂时退出劳动力市场，具有较强的现实意义。子女年龄主要是通过计算最后一孩的年龄获得，根据调查问卷中"最后一孩出生时母亲的年龄是多少岁"的问题来计算。将"有 6 岁及以下子女"赋值为 1，"没有 6 岁及以下子女"赋值为 0。

（2）子女数量

子女数量主要通过"您目前有几个孩子"来测量。与国家生育政策调整与完善带来的育儿与女性就业问题思考的研究背景相适应，本章选择的主要是生育一孩和二孩的女性样本。"2 个孩子"赋值为 1，"1 个孩子"赋值为 0。在数据分析时将两个自变量作为虚拟变量纳入模型。

3. 控制变量

本书的控制变量是在借鉴以往研究文献的基础上，基于个人方面、家庭方面和政策方面加以选取。其中，个人方面主要是女性的受教育年限、初始职业、党员身份、技术职称、工作年限、更换工作情况、个人收入、性别角色观念等；家庭方面主要包括经济支持和照料支持状况，通过配偶收入和子女照料支持两个变量来体现；政策方面主要是分娩费用报销和产假天数。需要说明的是，因为女性的年龄与最小孩子的年龄高度相关，因此在回归分析中去掉了母亲年龄这一控制变量。

所有变量的具体情况如表 3 - 1 所示，包括变量名称、变量类型和变量说明。

受教育年限。主要指职前受教育年限，通过问卷中"不包括成人教育，您总共上了几年学"来测量。分析时作为连续变量纳入模型。

初始职业。对个体来说，受教育程度和初始职业是最重要的人力资本变量，前述文献回顾中的一些研究已证明，女性所发生的职业中断与其生育前的职业或初始职业有关，生育前在以女性为主的职业中就业，或在高声望职业中就业的女性退出劳动力市场的可能性较小。初始职业在问卷中的问题是"您的第一份工作是什么职业"。关于受访者的初始职业如何测量，需要加以说明。问卷中关于职业的问题包含两个方面，一是具体的职业名称和职业代码，二是所属的行业和行业代码，由于是具体的类别指标，不太便于进行量化分析。为提高分析结果的准确性以及研究的方便，笔者将其转化为职业的社会经济地位指数来加以测量。具体来说，本书采用的社会经济地位指数参考了国内学者李春玲（2005）和宋月萍（2007a）的计算方法（详见两位学者的文章），并根据本次调查中的一些具体职业发生的变化情况进行了调整，据此得到受访者职业的社会经济地位指数，取值在 0 ~ 100 分，用以代表职业的相对地位。分析时作为连续变量纳入模型。

表 3 - 1　变量的操作化说明

变量	变量类型	变量说明
因变量		
职业中断经历	二分变量	是否有过因婚育/照顾子女中断就业的经历
自变量		
6 岁及以下子女	二分变量	0 = "无"，1 = "有"
子女数量	二分变量	0 = "1 个孩子"，1 = "2 个孩子"
控制变量		
受教育年限	连续变量	职前受教育的年限
初始职业	连续变量	第一份工作的职业地位指数
党员身份	二分变量	0 = "否"，1 = "是"
技术职称	二分变量	0 = "无"，1 = "有"
工作年限	连续变量	从开始工作到现在的时间
更换工作情况	二分变量	0 = "更换过工作"，1 = "未更换过工作"
个人收入	连续变量	上一年度个人总收入
性别角色观念	连续变量	根据问卷题目相加得到不同分值
家务劳动时间	连续变量	用于做饭、清洁、照顾家人和日常采购的时间总和
子女照料支持	二分变量	0 = "本人照料"，1 = "有照料支持"
配偶收入	连续变量	上一年度配偶的个人总收入
分娩费用报销	二分变量	0 = "自费"，1 = "报销"
产假天数	二分变量	0 = "3 个月以上"，1 = "3 个月"

党员身份。该变量根据问卷中"您的政治面貌"的问题来测量。问题涉及四个选项答案，分别是群众、共青团员、共产党员、民主党派，将共产党员简化为"党员"，赋值为1，将其他选项合并为"非党员"，赋值为0。数据分析时将其作为虚拟变量纳入模型。

技术职称。该变量根据问卷中"您目前是否有国家承认的专业技术职称"的问题来测量。将答案中的"没有"赋值为0，"有"赋值为1。分析时作为虚拟变量纳入模型。

工作年限。该变量是根据问卷中"您是多大年龄开始务工的"的问题计算而得。数据分析时将其作为连续变量纳入模型。

更换工作情况。该变量根据问卷中"工作后，包括单位变动、地域变动和职业变动，您换过几次工作"的问题来测量。为体现工作一直保持连续性可能对女性因生育发生职业中断起到一定的阻碍作用，将填答问卷时答案为"0次"（未更换过工作）的赋值为1，将"更换过1次及以上工作"的赋值为0。数据分析时将其作为虚拟变量纳入模型。

个人收入。女性是否退出劳动力市场与个人收入情况存在着紧密的联系。当女性收入相对较高时，即便遭遇生育压力问题，也会对是否退出劳动力市场持理性判断或谨慎态度。个人收入通过上一年度各项收入的总和来具体测量。分析时将其作为连续变量纳入模型，并取自然对数形式。在此说明一下，因为一部分女性上年度收入为"0元"，为避免对数据分析造成较大影响（对0取自然对数没有意义），因此，在处理数据时将"0元"变为"1元"后再取自然对数，这样就可以保留收入为"0元"的女性样本。

性别角色观念。性别角色观念是人们对性别分工的态度。本书通过问卷中的三个问题来具体测量，主要是让受访者回答对于"男人应该以社会为主，女人应该以家庭为主"、"丈夫的发展比妻子的发展更重要"和"挣钱养家主要是男人的事情"三个问题的态度。问题涉及四个选项，将其进行赋值处理，从"非常同意"、"比较同意"、"不太同意"到"很不同意"分别赋值为 1~4 分（将"说不清"的答题选项直接作为缺失值处理），并对三个题目的得分加总，生成"性别角色观念"新变量，得分越高，代表受访者的性别角色观念越现代。该性别角色观念综合分数的 Cronbach's a 系数为 0.770，达到了信度测量的可接受水平。

家务劳动时间。因生育带来的工作 – 家庭冲突，可以用家务劳动时间作为测量指标。该变量根据问卷中"昨天您用于下列活动（家务劳动）的时间"的问题来测量。家务劳动包括做饭、清洁、照顾家人、日常采购等方面，问卷中采用分钟作为计算单位。分析时将其作为连续变量，并取自然对数形式。在此说明一下，因为一部分女性家务劳动时间为"0 分钟"，为避免对数据分析造成较大影响（对 0 取自然对数没有意义），因此，在处理数据时将"0 分钟"变为"1 分钟"后再取自然对数，这样就可以保留家务劳动时间为"0 分钟"的女性样本。

子女照料支持。相对于生育本身，对子女的抚育过程更为艰辛，也更为漫长，尤其是对学龄前子女的照料对其健康成长非常重要。当职场女性无暇顾及育儿照料问题时，有合适的支持力量至关重要。子女照料支持根据问卷中"最后一个/这个孩子 3 岁以前白天主要由谁照顾"获得，答案包括本人、配偶、本人或配偶父母、其他亲戚、保姆或家政工、托儿所或幼儿园等。以本人照料为参照，将其他照料支持进行合并，处理为虚拟变量。"有照料支持"赋值为 1，"本人照料"赋值为 0。

配偶收入。女性是否退出劳动力市场取决于家庭是否能够提供足够保障，毕竟就业是最主要的经济来源（吴愈晓、王鹏、黄超，2015）。女性所在的家庭能否提供足够的经济保障以满足她们退出劳动力市场后的经济需要，即来自家庭成员的经济支持对女性生育后的就业选择起着非常重要的作用，其中配偶的支持尤其重要。配偶收入通过上一年度各项收入的总和来具体测量。分析时将其作为连续变量纳入模型，并取自然对数形式（对收入为"0元"的男性样本采取了和女性样本一样的处理方式）。

分娩费用报销。对女性生育支持的一个重要方面就是生育费用保障，这一保障有利于女性保持就业稳定，避免职业中断。分娩费用报销情况根据问卷中"分娩费用"获得，答案包括"全部免费/报销"、"定额补贴"、"部分报销"和"全部自费"等。将"全部免费/报销"、"定额补贴"和"部分报销"合并为"报销"，赋值为1，将"全部自费"赋值为0。数据分析时将其作为虚拟变量纳入模型。

产假天数。对女性生育支持的另一个重要方面就是生育假期保障。这一政策通过为女性提供育儿时间，来保障女性在产假后能继续回到原工作岗位。子女照料支持根据问卷中"产假天数"获得，结合法定产假为98天的国家规定，将产假天数处理为虚拟变量。产假天数为"3个月"的赋值为1，产假天数为"3个月以上"的赋值为0。

二 数据的描述性分析结果

表3-2报告了所有变量在不同类型的女性中的基本特征的描述统计结果。交叉分析结果显示，职业中断经历在城镇女性生育子女的数量和子女年龄方面均存在差异。有2个孩子的女性有职业中断经历的比例为25.3%，比有1个孩子的女性有职业中断经历的比例高出4.2个百分点，且存在显著性差异（$\chi^2 = 6.449$，sig.=0.011）。同样，子女年龄在0~6岁的女性有职业中断经历的比例为30.9%，比有6岁及以上子女的女性有职业中断经历的比例高出12.0个百分点，且存在显著性差异（$\chi^2 = 63.250$，sig.=0.000）。控制变量在生育子女的数量和子女年龄方面的差异详见表3-2。

表3－2　变量的描述性统计

变量	1 个孩子 有效百分比（%）	2 个孩子 有效百分比（%）	0～6 岁 有效百分比（%）	6 岁以上 有效百分比（%）
有职业中断经历	21.1	25.3	30.9	18.9
党员身份	16.3	7.1	11.1	15.8
有技术职称	24.6	7.9	23.1	21.0
未更换过工作	43.9	43.9	46.9	42.9
有子女照料支持	53.5	29.3	48.0	49.0
有分娩费用报销	42.7	15.1	36.0	37.8
产假天数（3 个月以上）	28.9	13.8	14.1	30.0
变量	平均值	平均值	平均值	平均值
受教育年限	10.6	8.1	10.9	9.8
初始职业	58.6	54.5	58.9	57.4
工作年限	18.2	21.3	10.9	21.4
个人收入（对数）	7.6	6.8	8.3	8.6
性别角色观念	4.6	4.9	7.5	7.4
家务劳动时间（对数）	3.2	2.8	4.6	4.6
配偶收入（对数）	9.6	9.5	9.8	9.5

三　模型估计结果及解释

从以上描述性分析可知，城镇女性的职业中断经历在生育子女的数量和子女年龄方面均存在差异，在此基础上进一步分析生育与女性职业中断之间的关系。鉴于因变量为二分类变量，因此采用二元 Logistic 回归模型来进行分析，通过建立嵌套模型，以期发现在控制其他变量的条件下自变量对因变量的影响，模型设定如表3－3所示。

模型主要包括四个子模型，模型1只加入了生育状况变量，模型2增加了女性的受教育年限、初始职业、党员身份、技术职称、工作年限、更换工作情况、个人收入、性别角色观念、家务劳动时间等个人层面变量，模型3增加了子女照料支持和配偶收入等家庭层面变量，模型4增加了分娩费用报销和产假天数等两个政策层面变量。模型系数的 Omnibus

检验结果显示，模型 1 至模型 4 的卡方值分别为 63.857（Sig. = 0.000）、421.273（Sig. = 0.000）、526.352（Sig. = 0.000）和 616.967（Sig. = 0.000），说明四个模型均具有统计学上的研究意义。模型的 Hosmer 和 Lemeshow 检验结果显示，模型 1 至模型 4 的卡方值分别为 1.138（Sig. = 0.566）、11.107（Sig. = 0.196）、7.216（Sig. = 0.513）和 7.717（Sig. = 0.462），说明四个模型拟合优度通过检验，拟合程度良好。

由模型 1 可知，子女年龄和子女数量对女性职业中断的影响具有统计学意义。具体来说，相对于没有 6 岁及以下未成年子女的女性，有 6 岁及以下未成年子女的女性增加职业中断发生的风险，差异具有统计学意义（OR = 1.894，$p < 0.001$）；相对于有 1 个孩子的女性，有 2 个孩子的女性增加职业中断发生的风险，差异也具有统计学意义（OR = 1.204，$p < 0.1$）。这一结果表明，有 2 个孩子或有 6 岁及以下未成年子女的女性，显著增加了职业中断的风险。显然，由生育带来的育儿压力，如家务劳动时间的增加、照料负担的加重，都会使女性面临较大的工作 - 家庭冲突，给女性的劳动力市场参与带来较多的限制，从而增加了女性从劳动力市场暂时退出的可能性。这比较符合中国社会的现实情形，因生育带来的工作 - 家庭冲突会影响女性的就业选择。在中国，尽管传统文化倡导工作优先的集体主义，但并非所有个体都一致认为为了工作牺牲家庭理所当然，个体可能也持有家庭优先的个人主义取向。实际上，现在有越来越多的人宁愿放弃虽报酬优厚但工作时间长、工作强度大的工作，将更多时间和精力投入到家庭之中（潘镇、陈亚勤，2012）。近几年全职妈妈的大量出现就是一个例证。因此，当育儿与就业不能兼顾时，在子女成长的关键时期，在一个家庭中，更可能是女性选择放弃职业发展暂时退出劳动力市场，回归家庭。

表 3 - 3　生育与女性职业中断的二元 Logistic 回归模型

变量	模型 1			模型 2			模型 3			模型 4		
	B	SE	Exp (B)	B	SE	Exp (B)	B	SE	Exp (B)	B	SE	Exp (B)
生育状况												
6岁及以下子女（参照组：无）	0.639***	0.129	1.894	0.305*	0.122	1.357	0.322*	0.126	1.380	0.338**	0.129	1.402
子女数量（参照组：1个孩子）	0.185+	0.129	1.204	0.175	0.119	1.192	0.088	0.123	1.092	-0.078	0.125	0.925
控制变量												
受教育年限				-0.062**	0.018	0.940	-0.034+	0.019	0.967	-0.008	0.020	0.992
初始职业				-0.016*	0.007	0.984	-0.011+	0.007	0.989	-0.007	0.007	0.993
党员身份（参照组：非党员）				-0.604***	0.159	0.547	-0.474**	0.162	0.623	-0.411*	0.165	0.663
技术职称（参照组：无）				-0.461**	0.137	0.631	-0.341*	0.142	0.711	-0.118	0.148	0.888
工作年限				-0.057***	0.008	0.944	-0.056***	0.008	0.945	-0.042***	0.008	0.959
更换工作情况（参照组：更换过工作）				-1.022***	0.098	0.360	-1.021***	0.101	0.36	-0.990***	0.103	0.372
个人收入（取对数）				-0.101***	0.016	0.904	-0.082***	0.017	0.921	-0.075***	0.017	0.928
性别角色观念				-0.006	0.021	0.994	-0.005	0.022	0.995	-0.003	0.023	0.997
家务劳动时间（取对数）				0.110**	0.037	1.116	0.069+	0.037	1.072	0.078*	0.038	1.082
子女照料支持（参照组：本人照料）							-1.035***	0.100	0.355	-0.899***	0.103	0.407
配偶收入（取对数）							-0.010	0.024	0.990	-0.002	0.024	0.998
分娩费用报销（参照组：自费）										-0.748***	0.114	0.473
产假天数（参照组：3个月以上）										-0.772***	0.131	0.462
常量	-1.489***	0.050	0.226	2.214***	0.486	9.154	2.185***	0.550	8.892	1.498***	0.565	4.475
-2 对数似然值	4120.765			3238.000			3048.594			2927.688		
Nagelkerke R^2	0.024			0.177			0.223			0.259		
N	3974			3376			3307			3286		

+ $p < 0.1$, * $p < 0.05$, ** $p < 0.01$, *** $p < 0.001$。

由模型 2 可知，在控制了受教育年限、初始职业、党员身份、技术职称、工作年限、更换工作情况、个人收入、性别角色观念、家务劳动时间等个人层面的变量后，子女年龄对职业中断的影响仍具有统计学意义。相对于没有 6 岁及以下子女的女性，有 6 岁及以下子女的女性增加了职业中断发生的风险，差异仍具有统计学意义（OR = 1.357，$p < 0.05$），说明有 6 岁及以下子女显著增加了女性从劳动力市场暂时退出的可能性。这可以从养育子女所导致的家务劳动时间增多加以说明。从家务劳动时间来看，统计结果显示，家务劳动时间对女性职业中断具有显著的正向影响，模型中的系数在 0.01 的水平上显著，优势比大于 1，为 1.116。这说明随着家务劳动时间的延长，女性职业中断的发生率也会随之显著增加。对有 2 个孩子或有 6 岁及以下子女的女性来说，家务劳动时间均高于有 1 个孩子或没有 6 岁及以下子女的家庭，家庭责任压力较大。这表明，家务劳动时间的增多给女性的劳动力市场参与带来了较多的限制。但是，生育 2 个孩子对女性职业中断的影响未通过显著性检验，这一方面和样本数据中生育二孩的女性数量较少有一定关系，也可能还有深层次的原因亟待进一步探究。

有 6 岁及以下子女的女性，显著增加了职业中断的风险，然而这一风险会通过较高的人力资本水平、工作特征、党员身份等而有所减小。统计数据显示，受教育年限较长、初始职业指数较高、个人收入较高以及党员身份、未更换过工作等，降低了女性发生职业中断的风险。作为人力资本最重要的内容，一般而言，受教育年限越长，学历越高，获得较高初职地位的可能性越大；而初始职业地位指数越高，意味着职业相对越稳定、更换工作的可能性越小、收入越高、保障越好，就越会降低职业中断发生的概率，在这种情况下，女性一般不会轻易放弃职业发展，因为中断的成本较高。相比较而言，更换工作更可能发生在低学历的女性中，更换工作的次数越多，意味着工作稳定性越差，收益也越低。当生育带来的育儿与工作出现矛盾时，一些女性会放弃职业发展，回归家庭。同时，技术职称的获得、较长的工作年限也降低了职业中断的风险。学历、专业技术职称具有较强的个人专属性，更换工作很可能减少人力资本回报，从职业收益最优化的角度出发，这些女性不更换工作的可能性较大；而工作年限越长，专业技能和工作经验越丰富，收入越高，人力资本存量和增量均在增加，发生生育中断的风险将会减少。另外，党员身份在中国具有比较特殊的地位，数据显示，拥有党员身份也降低了女性职业中断的风险。

由模型 3 可知，在控制了子女照料支持和配偶收入等家庭支持因素后，相对于没有 6 岁及以下子女的女性，有 6 岁及以下子女的女性增加了职业中断发生的风险，差异仍然具有统计学意义（OR = 1.380，$p <$ 0.05），说明照料 6 岁及以下子女所带来的养育、时间压力以及工作 - 家庭冲突，会使女性主动或被动做出暂时回归家庭的决定。但是，生育 2 个孩子对女性职业中断的影响仍未通过显著性检验。从控制变量的情况来看，数据显示，受教育年限长、党员身份、有技术职称、工作年限长、未更换过工作、收入较高的女性，以及有子女照料支持，会显著降低其职业中断的风险，即这些变量发挥了一定的调节作用或缓冲作用。就目前中国的情况来看，对 0 ~ 3 岁婴幼儿的照料支持分为两部分。一部分来自家庭成员，特别是父母或配偶的父母提供的育儿支持，这与目前的现实国情相适应。另一部分是在隔代照料支持相对不足或不能实现的情况下，通过社会化服务获得的有偿照料支持。前述数据显示，总体来看，对那些收入相对较低的女性家庭来说，缺少家庭成员的"免费"育儿支持，而自身收入又不足以支付社会化的照料服务，从节约育儿成本的角度来看，势必会增加女性中断职业、回归家庭照顾孩子的概率。这一结论与国外学者的解释相契合。按照学者的观点，与富裕女性的家庭相比，对母亲收入较低的家庭来说，儿童照料成本构成了其就业的最大障碍（Baum，2002b），降低了母亲就业的净收益（Loft & Hogan，2014），需要母亲在考虑育儿成本的基础上，在家庭与就业之间做出选择。控制变量

中的配偶收入并未对女性的职业中断发挥缓冲作用，结果不显著，这一方面可能是因为配偶的经济支持相对比较有限，另一方面也可能说明在有 6 岁及以下子女的家庭中，能提供较好的子女日常生活照料支持更为重要一些。

由模型 4 可知，在增加了分娩费用报销和产假天数等生育政策支持因素的控制变量后，相对于没有 6 岁及以下子女的女性，有 6 岁及以下子女的女性的职业中断发生的风险差异仍具有统计学意义（OR = 1.402，$p < 0.01$）。但是，生育 2 个孩子对女性职业中断的影响系数由正变为负，且未通过显著性检验，这一结果的解释需要进一步探讨分析。从控制变量来看，享受全部或部分分娩费用报销以及国家规定的产假时间政策，即为女性提供生育经济支持和育儿时间支持，为女性分担部分生育成本，对于保障女性产假结束后能继续回到原工作岗位，减少职业中断风险具有重要意义。

总的来看，上述四个模型结果与国内外部分学者的研究结论基本一致，有学龄前子女显著增加了女性从劳动力市场退出的可能性（Budig，2003），然而这一影响会通过较高的工作质量、人力资源禀赋、儿童照顾服务与生育政策支持而有所减轻（Pacelli, Pasqua, & Villosio, 2013），女性退出劳动力市场与其职业声望分值之间存在负向关系（Omori，2003），托幼服务的可及性差使很多低收入家庭女性也选择退出劳动力市场，原因在于无力支付较高的学前教育成本（杜凤莲、董晓媛，2010）。而有家庭照料支持和生育保险的女性，其职业中断发生的可能性分别降低 27.26% 和 17.79%（张樨樨、杜玉帆，2019）。这一结论说明，受教育年限、职业地位与收入状况，作为重要的人力资本因素，是强有力的解释变量，对女性面对"三育"压力是否会做出职业中断的选择起到非常重要的作用。也就是说，那些在职场有优势的女性，往往具有较高的人力资本水平，收入也会较高，一般不会轻易放弃育儿之前打下的良好基础和工作经验的积累，一般在享受完产假政策后会立即重返劳动力市场。对她们来说，育儿和事业发展同样重要。至于育儿与事业的冲突，特别是育儿照料问题，他们可能会通过隔代照料或有偿的市场化照料服务来解决。

在模型 2、模型 3、模型 4 中，生育 2 个孩子对女性职业中断的影响未通过显著性检验，这一结论与国内外部分学者的研究结果并不一致。但反映了当前社会中的一些现实问题，随着全面"二孩"和"三孩"政策的实施，由子女数量的增加而带来的"三育"压力问题更应引起充分关注。样本数据显示，生育二孩的女性比生育一孩的女性存在人力资源与社会经济地位相对弱势的状况。也就是说，生育二孩的女性平均受教育程度普遍偏低，初始职业地位指数较低，因此相应的收入水平也较低，养育子女的生活压力较大。比如有一孩的女性年均总收入约为 19342.9元，而有二孩的女性个人平均年总收入约为 14024.7 元，比一孩的女性低了 5000 多元，收入差距比较明显。从育儿成本的角度来看，生育二孩一方面会带来育儿照料的压力，也会带来经济抚育的压力，尤其是在现代社会，家庭的育儿经济成本非常大。从育儿的经济成本看，包括子女抚养费用、教育费用、婚嫁费用等，其中，教育费用可能是最主要的组成部分。有调查显示，育儿成本已经占到我国家庭平均收入的近 50%，教育支出是最主要的负担。[①] 从配偶支持的角度来看，一般来说，基于夫妻双方的相对同质性，女性的学历低，丈夫的学历通常也较低，因此配偶所起到的经济支持作用也相对比较有限。在这种情形下，女性一般不会中断就业，而是会继续留在劳动力市场上，与配偶一起承担起赚钱养家的责任。更为重要的一点是，当生育二孩与未成年子女两个因素交织在

---

① 《育儿成本占家庭平均收入近一半，七成不愿再要》，http://www.rmzxb.com.cn/c/2017 - 01 - 23/1303235_ 2. shtml，最后访问日期：2022 年 12 月 20 日。

一起，加上目前的高房价压力、大城市的高生活成本压力等，女性所面临的工作－家庭冲突无疑会进一步加剧。因此，生育对女性职业中断的影响，当把家庭经济条件纳入进来时，呈现较为复杂的情况。

四 稳健性检验

为了检验上述发现的稳健性，本书采用替换变量法和对变量重新编码的方法，来重新检验上述自变量对因变量的影响。具体来说，是将自变量中的是否有 6 岁及以下子女替换成是否有 12 岁及以下子女，而将子女数量由二分类变量改为连续变量进行处理，然后将这两个变量作为替代指标重新放入模型进行稳健性检验。之所以做此处理，原因在于，目前样本数据中女性的平均年龄为 38.39 岁，由于长期实行的计划生育政策限制，有两个孩子的女性比例较低，且年龄集中在 40 岁及以上，而有 6 岁及以下子女的女性主要集中在 30 岁左右。再有，本章主要反映女性是否有过生育中断的经历，因此综合考虑女性年龄和子女年龄两个因素，对子女的年龄进行范围扩大，将替代变量的子女年龄限定为 12 岁及以下还比较符合研究需要。表 3－4 报告了生育替代变量对女性职业中断经历的影响。结果显示，通过分析各检验模型的 p 值、－2 对数似然值、Nagelkerke R^2 等相关参数可知，这些结果与表 3－3 中的结论基本一致，说明研究结果具有较强的稳健性。其中，模型 1 至模型 4 中有"12 岁及以下子女"变量的系数值均为正，且其系数值均在 0.001 的统计水平上显著，说明即使将子女的年龄扩大至 12 岁（小学毕业之前）及以下，因生育产生的时间压力、经济压力、照料压力等，以及相应的工作－家庭冲突问题，相对于没有 12 岁及以下子女的女性来说，家庭中有 12 岁及以下子女显著增加了女性职业中断经历发生的风险（OR 值分别为 2.183、1.936、1.925、1.691）。对于"子女数量"变量来说，模型 1 的系数值为正，且在 0.05 的统计水平上显著，但模型 2 至模型 4 的结果均不显著，与表 3－3 结论一致。

表 3 - 4　生育与女性职业中断的二元 Logistic 回归模型（稳健性检验）

变量	模型 1			模型 2			模型 3			模型 4		
	B	SE	Exp (B)	B	SE	Exp (B)	B	SE	Exp (B)	B	SE	Exp (B)
生育状况												
12 岁及以下子女（参照组：无）	0.781 ***	0.080	2.183	0.661 ***	0.120	1.936	0.655 ***	0.122	1.925	0.525 ***	0.124	1.691
子女数量	0.195 *	0.095	1.216	0.106	0.119	1.112	0.031	0.122	1.031	-0.099	0.124	0.906
控制变量												
受教育年限				-0.061 **	0.019	0.941	-0.033 +	0.019	0.968	-0.008	0.020	0.992
初始职业				-0.017 *	0.007	0.984	-0.012 +	0.007	0.988	-0.007	0.007	0.993
党员身份（参照组：非党员）				-0.615 ***	0.160	0.541	-0.484 **	0.163	0.616	-0.425 *	0.166	0.654
技术职称（参照组：无）				-0.491 **	0.137	0.612	-0.363 *	0.142	0.695	-0.146	0.148	0.864
工作年限				-0.040 ***	0.008	0.961	-0.040 ***	0.009	0.961	-0.032 ***	0.009	0.969
未更换工作（参照组：更换过工作）				-1.000 ***	0.097	0.368	-0.998 ***	0.101	0.369	-0.974 ***	0.103	0.377
个人收入（取对数）				-0.101 ***	0.016	0.904	-0.083 ***	0.017	0.921	-0.076 *	0.017	0.927
性别角色观念				-0.012	0.022	0.988	-0.012	0.022	0.988	-0.009	0.023	0.991
家务劳动时间（取对数）				0.107 **	0.037	1.113	0.065 +	0.038	1.067	0.075 *	0.038	1.078
子女照料支持（参照组：本人照料）							-1.031 ***	0.100	0.357	-0.817 ***	0.103	0.408
配偶收入（取对数）							-0.013	0.024	0.987	-0.005	0.024	0.995
分娩费用报销（参照组：自费）										-0.711 ***	0.114	0.491
产假天数（参照组：3 个月以上）										-0.753 ***	0.132	0.471
常量	-1.943 ***	0.129	0.143	1.588 **	0.529	4.896	1.693 **	0.579	5.434	1.329 **	0.589	3.777
-2 对数似然值	4078.985			3213.573			3026.109			2916.572		
Nagelkerke R^2	0.040			0.187			0.231			0.264		
N	3974			3376			3307			3286		

+ $p < 0.1$，* $p < 0.05$，** $p < 0.01$，*** $p < 0.001$。

五 总结与讨论

总体来看，本节的数据分析结果显示，对于有6岁及以下子女的女性来说，生育显著提高了职业中断发生的风险，这一风险会通过较高的人力资本水平、工作特征、照料支持、生育政策支持等而有所减小。其中，人力资本因素始终是一个强有力的解释变量。对于有2个孩子的女性来说，生育对职业中断的影响未通过显著性检验，反映了当前社会中的一些现实问题。尤其是在生育政策调整和完善过程中，当更多的家庭可以生育两个孩子时，生育给不同类型的女性带来的压力亦不相同，也会对其劳动力参与产生影响。对于家庭经济条件稍差的女性来说，生育二孩带来的首先是经济压力，其次是照料压力，当女性不得不因为经济压力继续留在劳动力市场时，孩子的照料可能又是她们亟待解决的头等大事。对于在职场打拼的女性来说，在有一定的经济基础的条件下，工作与育儿的冲突可能是首先要面对的问题，比较普遍的选择是在工作与家庭照顾之间来回穿梭，疲于奔命，努力保持二者的平衡。当然，在权衡育儿成本的情况下，女性也可能会做出放弃职业发展而回归家庭的决定。而当这一切与传统的性别分工观念、就业中的性别歧视等因素交织在一起时，又会使女性面临更为艰难的抉择。因此，在当前社会转型背景下，随着城乡居民收入差距的扩大，以及学前教育责任从政府转向家庭，在家庭与就业之间，在家庭责任与有薪工作之间，女性究竟有没有真正的自由选择权利？这是值得我们深入思考的问题。

1. 生育政策与服务支持的相对不足弱化了女性的自由选择权

在职女性的工作角色与家庭角色的冲突是世界各国普遍面临的问题，基于制度、环境、政策、文化等差异，冲突的程度也会因子女的数量、年龄的不同而有所区别。国家完善的政策和制度安排与服务体系会对女性在育儿与工作之间的平衡提供有力支持。比如在北欧国家，在社会民主主义的福利体制下，其社会政策和社会服务对女性的需要给予了特别的关注，国家通过一系列社会政策和制度安排，保障公民免于个人先赋条件和市场化力量的影响，还通过就业与家庭照顾的制度安排和支持，来保证女性作为公民的自由选择权（熊跃根，2012）。特别是，完备和广泛实施的家庭政策为女性提供了获得照顾服务/津贴项目的权利以及照顾的时间，减少了女性在工作与家庭之间穿梭或转换的负面后果（熊跃根，2013）。而在其他大多数社会里，包括在中国，很多时候，女性都很难基于自身的需要与意愿来自由选择。照顾年幼的子女并没有给已婚女性回归家庭带来足够的合理性支持，更多的可能是一种被迫的牺牲（梁樱，2016）。

在中国，传统体制下的"单位"福利制度为女性提供了平衡工作与家庭角色的最理想方式。在市场经济条件下，社会保障制度仍然具有明显的工作福利的特点，这会将那些从事灵活就业的女性排除在外，与国家正式体制的疏离弱化了她们平等享受生育与就业保障的权利与机会。如生育保险政策，由于目前覆盖面相对较窄，在缺乏基本生育保障的情况下，大部分生育费用主要由家庭承担；仅从生理性别角色出发出台的母亲产假政策，由于缺乏社会性别的视角，单纯从生育的角度进行设计，未将男性的生育责任纳入进来，这会进一步固化女性的生育责任。同时，托幼公共服务短缺增加了家庭的育儿成本，尤其是正规托幼机构严重不足。据统计，0~3岁婴幼儿在我国各类机构入托率仅为4%，远低于一些发达国家50%的比例，80%的婴幼儿由祖辈参与看护。[①] 不论是生育一孩还是二孩，产生的共同问题是照料问题，特别是对学龄前儿童来说。在我国现实情境下，对子女照顾的重要时间段不仅

---

① 《育儿成本占家庭平均收入近一半，七成不愿再要》，http://www.rmzxb.com.cn/c/2017-01-23/1303235_2.shtml，最后访问日期：2022年12月20日。

仅局限为 3 岁入托或入园以前，已经从学龄前进一步延伸到了学龄期。也就是说，即便子女进入了学龄期，由于社会支持服务的不足，与职场女性上下班不一致，家庭还继续面临着接送、照顾日常生活起居等诸多育儿问题，家庭责任与就业冲突的矛盾依然突出。实际上，育儿的高昂经济成本与照料压力使很多女性面对生育政策的调整，在再次生育的问题上仍然犹豫不决，甚至"望而却步"。面对育儿矛盾，无论是选择继续就业还是选择回归家庭，从表面来看，有女性主动选择不工作，也有权衡各种利弊后的被动放弃。实际上，她们都没有真正意义上选择的自由和权利。

2. 传统性别角色观念成为限制女性自由选择的助推力量

近年来，有学者研究认为，目前中国男女两性的性别观念处于传统与现代的过渡状态，女性的性别观念总体上更趋现代，且越年轻性别观念越趋向于现代，男性的性别观念更偏传统（刘爱玉、佟新，2014）。但也有学者的研究发现了不太一致的结论，认为近十几年来，中国人的性别观念出现了明显的向传统回归的趋势，而且受教育程度较高群体和女性群体向传统观念回归速度较快，结婚生育是导致年轻世代的性别观念快速转向传统的重要因素（许琪，2016）。性别观念的改变会影响女性的就业意愿与就业选择，近年来一直在持续不断讨论的妇女回家、阶段性就业、主妇化等现象，就是这一观念转变的突出表现。当女性越来越接受"男主外，女主内"的传统性别分工模式，当女性遭遇就业歧视，当女性面临育儿压力，当社会期待女性传统角色的扮演时，诸多的问题交织在一起，女性该何去何从？是放弃事业、回归家庭、精心育儿还是留在职场？实际上，这是女性在全球化背景下遭遇制度、结构、文化三种机制而做出的人生规划和自我选择的结果，也可视为女性在风险社会中寻找安全感不得转而回归家庭的一种体现（吴小英，2014）。这种看似自我选择的背后体现的却是较少的自由选择权，更多的是一种无奈。从性别平等的角度看，女性如果长期退出劳动力市场，与社会脱节太久，势必会进一步强化女性原本已被边缘化的弱势地位。对于大多数女性来说，即便因为婚育中断了职业，也不愿意一直全职在家，当子女能够入园、入托时，就会寻找合适的机会重返职场。因此，对有过职业中断经历的女性来说，如何能够顺利重返职场也是必须要深入思考的问题。从为女性提供支持的角度来说，今后，要逐步实现政府从"缺位"到"就位"、男性从"缺席"到"入列"的目标，真正为女性平衡育儿与就业冲突提供强有力的支持。

小　结

本章利用全国调查数据分析了生育对女性职业中断的影响。首先，对个体职业中断的性别差异状况进行了描述。数据显示，职业中断女性与男性的受教育程度普遍较低，均集中在初中和高中/中专/中技水平；相比较而言，女性受教育程度略低于男性。从中断的比例来看，女性有过职业中断经历的比例比男性高出 17.8 个百分点。从中断原因来看，女性主要因家庭责任中断职业，男性常因失业被迫中断职业；女性职业中断原因多是结婚生育或照顾孩子，男性职业中断的主要原因是失业/单位兼并重组/破产倒闭。从中断时间来看，女性的平均职业中断时间比男性长。

其次，对于有过职业中断经历的女性的基本特征进行了描述性分析。数据结果显示，女性因生育中断就业呈现以下几个方面的特征。第一，"三高一低"的人口学特征，即女性平均年龄较高、健康状况一般的女性比例相对较高、初始职业集中在商业服务业领域的女性比例高、受教育程度普遍偏低。第二，女性初育年龄偏高，生育二孩和有婴幼儿与学龄前儿童的女性比重相对较高，约1/4的女性生育了两个子女，三成多的女性有6岁及以下子女。第三，较长的职业"空窗期"，平均最长中断时间为3.2年。第四，职业中断女性面临较为沉重的家务劳动负担。第五，职业中断女性的生育支持相对匮乏。

最后，探讨了生育对女性职业中断的影响。数据分析结果显示，对于有6岁及以下子女的女性来说，生育显著提高了职业中断发生的风险，这一风险会通过较高的人力资本水平、工作特征、照料支持、生育政策支持等而有所减小。其中，人力资本因素始终是一个强有力的解释变量。这一结果与国内外部分学者的研究结论基本一致，即有学龄前子女显著增加了女性从劳动力市场退出的可能性，然而这一影响会通过较高的工作质量、人力资源禀赋、儿童照顾服务和生育保障而有所减弱。女性退出劳动力市场与其初始职业声望分值之间存在负向关系，托幼服务的可及性差也使很多低收入家庭女性选择退出劳动力市场，等等。对于有2个孩子的女性来说，生育对职业中断的影响未通过显著性检验，反映了当前社会中的一些现实问题，即生育二孩带来的经济压力、时间压力和照料压力问题，可能会对女性的职业选择产生一定的影响。

在当前社会转型背景下，在家庭与就业之间，在家庭事务与有薪工作之间，女性究竟有没有真正的自由选择权利？政府相关政策的缺位与服务支持的不足弱化了女性的自由选择权，而传统性别角色观念成为限制女性自由选择的助推力量。近年来，中国人的性别观念出现了明显的向传统回归的趋势，性别观念的改变会影响女性的就业意愿与就业选择，有些女性会主动放弃事业，回归家庭。这种看似自我选择的背后体现的却是较少的自由选择权，更多的是一种无奈。

第四章

重返职场：生育与现职获得

　　对有过因育儿而中断就业经历的女性来说，随着子女年龄的增长，"全职妈妈"们面临着重返劳动力市场再就业的问题；对于产假后立即重返职场继续就业的女性来说，也面临着调岗、转岗，以及解决好育儿与就业之间的矛盾等问题。本章重点探讨生育对女性就业方式选择以及职业地位获得的影响。

第一节　生育女性的职业发展状况和主要特征

一　就业状态

　　当前就业状态可以在一定程度上反映女性目前的劳动力市场参与状况，反映女性的职业期待和就业行为选择。调查数据显示，除缺失值外，从女性生育后重返劳动力市场的就业方式选择来看，体制内就业的女性占41%，体制外就业和未就业的女性占59%。显然，这一数据表明，生育带来的育儿责任在一定程度上对女性就业方式选择产生了影响。同时，从性别平等和职业发展的角度来看，不同的就业状态，也预示着女性在家庭和社会中处于不同的结构性位置，面临不同的生活机遇和挑战。

1. 未就业女性比例较高

调查数据显示，除缺失值外，目前有超过1/4的女性（28.7%）不在业，处于未就业状态。当女性有 6 岁及以下子女或有 2 个孩子时，其未就业比例高于平均水平。其中，有 3 岁及以下婴幼儿的女性未就业比例为 29.5%，而有两个孩子的女性未就业比例高达 48.7%。由此说明，育儿责任确实在一定程度上影响了女性的就业参与，或者延缓了女性的职业发展。而对于有过因生育而中断就业经历的女性来说，职业中断的"延续效应"对就业状态产生了更大的影响。在经历了一段时间的职业"空窗期"后，部分女性会重返劳动力市场，而仍有一部分女性继续目前的生活状态。调查数据显示，有过因生育而中断就业经历（875 人）的女性，目前未就业比例均高于平均水平，大约有 1/3（33%）处于不在业状态，其中生育二孩的女性不在业比例为 42.9%，有 3 岁及以下婴幼儿的女性不在业比例更高（53.9%）。显然，生育二孩和有婴幼儿显著减少了城镇女性重返劳动力市场再就业的可能性。抛开文化程度、家庭收入、生育前的工作类型、工作年限等因素对女性重返劳动力市场产生的影响，目前女性不在业的数据说明，就业中断经历确实在一定程度上改变了部分女性的职业理想、职业期待和就业行为选择。

2. 体制外就业女性所占比重较大

国外学者的研究表明，有学龄前儿童的女性，为方便照顾子女，倾向于从事非全日制工作（Booth & Van，2009），这有利于缓解女性双重甚至多重角色带来的工作－家庭冲突，提高满意度，也能帮助女性留在劳动力市场上。在我国，非全日制工作大多属于体制外就业。体制外就业是相对于体制内就业而言的一个概念，主要是根据中国当前城镇地区国有部门（体制内）和非国有部门（体制外）并存的二元劳动力市场结构所做的一个划分。这两个部分在人员配置机制、薪资决定方式、福利和劳动者权益保障等诸多方面都存在很大差别（吴愈晓、王鹏、黄超，2015）。体制外就业方式，大都缺乏一定的就业保障，稳定性相对较差。调查数据显示，除缺失值外，有近1/3的女性（30.3%）处于体制外就业状态，说明育儿责任对女性就业参与方式产生了重要影响。

在处于在业状态（共2786人）的女性中，体制外就业①比重更高，约占42.5%，其中，在私营企业工作的女性占27.9%。从子女数量和年龄的角度来看，生育二孩的女性目前在体制外就业的比例达53.9%，有6岁及以下子女的女性在体制外就业的比例为57.3%，有3岁及以下子女的女性体制外就业的比例为58.9%。这些数据充分显示出家庭责任对在业女性就业方式选择的重要影响。

另外，对于那些有过因生育而中断就业经历的城镇女性（875人）来说，体制外就业比例也高达49.7%。显然，暂时退出职场造成了女性工作经验积累和职业关系网络资源的中断。当她们重返劳动力市场时，职业搜寻成本提高，同时在选择就业方式时，首先会考虑兼顾家庭和工作的双重责任承担，职业发展空间势必会受到挤压，因而会丧失诸多进入体制内工作的机会。虽然近年来，体制内工作的优势有所下降，但因其稳定性、保障性仍成为很多人求职时的首选，尤其是对于女性来说，体制内就业比较符合她们求稳的心态。因此，因育儿而选择体制外就业更多的是一种无奈。

二　职业获得与发展机会

1. 求职途径因年龄、学历、子女状况不同而呈现多样化特点

目前处于在业状态的2786名已育女性，超过1/3（35.4%）的女

---

① 按照一些学者的划分，体制内就业单位包括党政机关、人民团体、事业单位、国有企业、城镇和农村集体企业；体制外就业单位包括私营企业、个体工商户、港澳台投资企业、外商投资企业以及其他不便分类的单位类型。

性职业获得主要是通过市场化的求职或应聘方式得到，劳动和人事等部门安排或调动的占 25.8%，亲友介绍和帮助安置的占 18.5%，自己创业的占 16.7%，其他的占 3.6%。从事目前工作的平均工作年限为 8.7 年，相对比较稳定。进一步交叉分析发现，随着年龄的增长，市场化的求职方式比例在下降（$\chi^2 = 90.535$，sig. = 0.000），说明随着个体工作年限的增加，个人职业地位的获得主要体现为由劳动和人事等部门安排或调动；自己创业的比例也随着个体受教育程度的提高而大幅度降低（$\chi^2 = 637.46$，sig. = 0.000）。另外，从子女数量的角度来看。有两个孩子的女性，其职业获得途径比较广泛，其中通过劳动力市场获得的占 38.2%，亲友安置的占 28.1%，劳动和人事等部门安排的占 22.0%，自己创业的占 8.6%，其他占 3.1%。

2. 行业分布以商业服务业为主，职位层次相对较低

统计数据显示，目前处于在业状态的 2786 名已育女性，从行业分布来看，约 1/3（33.4%）集中在商业服务业领域。在有工作单位的女性中，目前所处的职位层次相对较低，79.3% 的已育女性是普通职工，基层管理人员占 12.2%，中层管理人员占 5.6%，负责人/高层管理人员仅占 2.9%。交叉分析结果表明，普通职工身份的比例随女性受教育程度的提高而降低（$\chi^2 = 286.645$，sig. = 0.000）。进一步的分析发现，女性目前较低的职位层次与缺少技术职称、失业经历、因生育而职业中断的经历也有一定的关系。数据显示，约 37.1% 的女性有过失业经历；有 26.7% 的女性有技术职称，但主要以初级职称为主（69.2%）。有因生育而中断职业经历的女性（875 人），目前在工作单位中为普通职工的占比高达 87.6%，为基层管理人员的占 7.4%，为中层管理人员的占 2.9%，为负责人/高层管理人员的仅占 2.1%。这些数据说明，因生育而中断就业带来的人力资本贬值、职业"空窗期"、工作经验积累中断、雇主歧视等一系列的劣势累积，使女性错失了许多职业发展的机会，难以获得较高的职位层次。

3. 人力资本增加机会少，职业发展空间受到挤压

已育女性的职前受教育水平主要集中在初中和高中层次，进入职场后，如果有较多的增加人力资本的机会，对职业发展空间的扩展会带来比较好的影响。尤其是对因生育而中断就业的女性来说，或者是对未中断就业但休完产假重返职场的女性来说，她们面临调岗、换岗问题，都需要接受一定的返岗培训，以增加再就业的机会或适应新岗位，扩展职业发展空间。实际上，目前这种机会相对比较少。以培训或进修机会为例，统计数据显示，目前处于在业状态的 2786 名已育女性，近 3 年来有 34.7% 的女性参加过培训或进修，培训内容主要是各类职业/专业培训（含岗位培训、晋升培训、再就业培训、考试培训等），占 59.9%，实用技术培训占 24.2%，学历或学位教育占 10.2%，其他占 5.8%；平均培训次数为 2.76 次；平均最长培训时间为 79 天。从培训费用来看，有 68.6% 的女性享受了免费培训的机会。对于未参加培训的原因，排在前四位的分别是"没时间"（26.6%）、"没有信息和机会"（22.9%）、"没必要"（20.2%）、"没想过"（17.3%）。数据说明，认为"没时间"参加培训，说明家庭责任会占用女性较多的时间；认为"没有信息和机会"，说明已育女性有培训意愿，但比较缺乏获取各种信息的渠道；认为培训"没必要"和"没想过"，说明女性对提升自身人力资本的意识相对较弱。

三　就业收入

女性在生育后重返劳动力市场，常常会遭遇"母亲收入惩罚"，即与未生育的女性相比，已生育女性的收入会减少。调查数据显示，目前处于在业状态的 2786 名已育女性，其个人年均劳动收入为 17718.9 元，而 208 名已婚未生育在业女性的年均劳动收入为 46176.2 元。从年均总

收入来看，已育在业女性年均个人总收入为 20566.9 元，而未生育在业女性年均总收入为 48348.8 元。显然，"母亲收入惩罚"效应存在。传统的观点认为，一个成功的职业包括连续的工作历史，打破这种路线会带来经济惩罚，这种负向的影响发生在不管任何一种原因的职业中断（Hall，1987）。因此，有过因生育而中断就业经历的女性，其遭受的收入惩罚更为严重。有过职业中断经历的女性（875 人），除缺失值外，目前有 606 人处于在业状态，其个人年均劳动收入为 10738.4 元，个人年均总收入为 14171.0 元，"母亲收入惩罚"效应更为明显。对于职业中断带来的收入惩罚效应，与女性人力资本中断或贬值有重大关系。根据 Becker 和 Mincer 的人力资本理论，工作经验与工龄对收入有着正向的影响，女性在生育后中断就业或选择兼职工作，这就使得她们中断了工作经验的积累和失去了一些培训的机会，从而导致她们的工资比未生育过的女性低；而且，生育对受教育程度较高、从事管理和技术岗位的女性的工资率有着更显著的负向影响（於嘉、谢宇，2014）。数据显示，目前在业女性（2786）中，从事兼职工作（每天工作时间低于8小时）的比例为 47.6%，从事商业服务业的比例为 33.4%，体制内就业的比例为 57.5%，就业身份是雇员/工薪劳动者的比例为 95.6%，在单位中是普通职工的比例为 79.3%。显然，女性在生育后重返职场从事的工作性质和特点对收入的影响较大。由于女性在体制外就业的比例相对较高，且大多集中在技能含量较低的岗位，缺少保障、弹性大，工资收入相对较低。此外，家务劳动时间越长，越可能影响在工作上的时间和精力投入，影响工作的效率，工资收入就可能越低（付光伟，2012）。因此，国外学者提出的人力资本贬值理论、二元劳动力市场理论都得到一定程度的验证。

四　就业保障

1. 工作时间相对较长

数据显示，目前在业女性（2786 人）的工作时间相对较长，特别是对于全职工作的女性，38.8% 的女性能保持每天（工作日）8 小时工作时间，13.4% 的女性每日工作时间超过 8 小时，超时工作较为普遍。在时间、精力有限的情况下，在子女年龄较小需要较多照顾时，工作时间的延长势必带来家庭照顾的角色压力、时间压力与行为压力，因此，很多女性只能放弃休息时间来承担家庭照料的责任。

2. 未签订劳动合同的女性比例较高

签订劳动合同可以保障劳动者的合法权益。统计数据表明，目前在业女性（2786 人），有 43.3% 的女性未签订任何劳动合同（有两个孩子的女性未签订劳动合同的比例高达 64.5%），有 26.8% 的女性签了无固定期限劳动合同，有 27.1% 的女性签了一定期限的劳动合同（平均 2.88 年）。交叉分析结果表明，未签订劳动合同的比例随女性受教育程度的提高而降低（$\chi^2 = 171.806$，sig.= 0.000）。总体来看，未签订劳动合同的比例相对较高，这可能和女性在私营企业就业比例较高，以及不规范用工制度有一定的关系。

3. 社会保障的覆盖率有待进一步提高

在社会保障方面，在业女性（2786 人）的养老保险、医疗保险和失业保险的覆盖率为分别为 74.9%、89.3% 和 37.7%。具体来说，养老保险方面，参保比例最高的是城镇职工基本养老保险（71.3%），其次是城镇居民养老保险（13.1%）；未参保的原因包括自己没钱上（37.7%）、单位没给上（19.8%）、本地未开展城乡居民养老保险（14.8%）、不需要（11.5%）等。从医疗保险来看，参保比例最高的是城镇职工基本医疗保险（58.7%），其次是城镇居民基本医疗保险

（24.0%）和新型农村合作医疗（11.3%）；未参保的原因包括自己没钱上（34.8%）、单位没给上（19.5%）、身体好没必要（16.0%）等。此数据显示，对于养老保险和医疗保险，部分女性未参加的主要原因就是家庭经济条件的限制、保险意识的淡薄以及单位节约雇佣成本的考虑等。从失业保险来看，目前参保比例为37.7%，失业期间享受失业保险待遇的情况为失业保险金（26.0%）、免费就业指导和咨询服务（22.0%）、免费职业技能培训（22.3%）、政府相关机构的职业介绍服务（15.8%）等。从生育保险方面来看，53.4%的女性分娩费用全部自费，产假期间没有任何收入的占22.2%，这些数据充分表明我国失业保险、生育保险的覆盖率有待进一步提高。

4. 职业福利供给量相对较少，覆盖范围狭窄

"职业福利"一词最早由英国著名社会政策学家理查德·蒂特马斯提出，目前在国内尚没有统一的定义。从具体内容的角度来看，职业福利是单位为满足职工物质文化生活需要，保证职工一定生活质量而提供的工资以外的津贴、设施和服务的福利项目。① 调查数据显示，目前在业女性（2786人）中，有工作单位的女性享受的职业福利供给量较少，人员覆盖范围狭窄。基于就业单位的性质和情况，数据显示，女性享受的职业福利包括住房公积金（34.0%）、带薪年假（32.6%）、工作餐/餐补（24.7%）、取暖补贴（21.1%）、班车/交通补贴（15.7%）、福利房/经济适用房等住房福利（10.1%）、子女医药费报销/补贴（7.3%）、子女入园入托补贴或支持（3.9%）等。由此看来，随着市场化进程的加快，单位给女性提供的福利支持，特别是生育与就业支持相对较少。

此外，还有部分女性曾经遭遇过就业歧视，数据表明，有5.0%的

---

① 百度百科，http://baike.baidu.com/。

女性有过因性别而不被录用或提拔的经历，有 7.4% 的女性有过男女同工不同酬的经历，还有 2.6% 的女性有过因结婚怀孕而被解雇的经历。

五　就业满意度

从目前处于就业状态（2786 人）的女性对就业满意度来看，满意度最高的是工作环境（68.6%），其次是工作稳定性（61.7%），再次是劳动强度（55.9%），又次是收入水平（35.1%），最后是发展前途（32.8%）。交叉分析结果显示，在体制内就业的女性，各方面的工作满意度都相对较高。

此外，这些数据还表明，第一，女性对工作环境的满意度最高，但工作环境中也存在一定的不健康因素。这与个体具体从事的工种有关，如存在烟尘粉尘的比例为 18.2%，存在噪声的占 18.0%，过量负重/长时间站立位或蹲位工作的占 16.5%，存在有毒化学物品的占 6.2%。第二，女性对收入水平和发展前途的满意度相对较低，还有约一半的女性认为目前职业的收入水平与发展前途一般。调查资料获取时在业女性上一年度的年均总收入为 20566.9 元，而相同情况下男性的年均总收入为 34536.3 元，女性收入只有男性收入的 59.6%。这从问卷中涉及的问题"女性目前最需要的三项帮助"也可加以证明，女性最需要的三项帮助中的第一项就是增加收入（71.6%）。由此可以看出，提高经济收入仍然是很多女性要面对的主要问题。

第二节　生育对女性就业方式选择的影响

国内外学者的相关研究表明，女性生育后是否重返劳动力市场、选择什么样的就业方式，与子女数量与年龄、人力资本状况、托幼支持情况、家庭经济状况等因素有关。本节重点探讨生育对女性就业方式选择的影响。

一　变量的选择与测量

1. 因变量

本节的因变量为目前女性的就业方式选择，该变量根据问卷中的三个调查问题测得。第一个问题是"目前您是否从事有收入的工作/劳动"，该问题有四个备选答案，分别为"是"、"是，退休后继续工作"、"否，已退休/内退"和"否"，根据研究对象的年龄，保留"是"和"否"两个答案，将"是"视为就业，"否"视为未就业。另外两个调查问题是"您所在单位的类型"和"您所在单位的所有制性质"，将其答案进行合并处理，分为两种就业方式——体制内和体制外。体制内单位包括党政机关、人民团体、事业单位、国有企业、城镇和农村集体企业；体制外单位包括私营企业、个体工商户、港澳台投资企业、外商投资企业以及其他不便分类的单位类型。除缺失值外，将答案中选择"不适用"的视为未就业女性。本研究结合问卷中的三个问题，将女性的就业方式分为体制外就业、体制内就业和未就业三种情况。为更准确地分析女性生育对其就业方式产生的影响，本研究以体制内就业方式作为参考类别。

2. 自变量

本节将子女年龄和子女数量作为主要自变量。

子女年龄。为更准确地反映育儿责任对女性就业方式选择的影响，本章将子女年龄限定为3岁及以下婴幼儿，将"有3岁及以下子女"赋值为1，"没有"赋值为0。

子女数量。子女数量主要用"您目前有几个孩子"来测量，"2个孩子"赋值为1，"1个孩子"赋值为0。在数据分析时将两个自变量作为虚拟变量纳入模型。

3. 控制变量

本节的控制变量是在借鉴以往研究的基础上，根据个人层面特征、家庭特征、生育政策支持等方面选取。其中，个人层面特征主要是受教育年限、初始职业、党员身份、技术职称、因生育而中断就业经历、更换工作情况、性别角色观念、家务劳动时间等，家庭特征主要是子女照料支持状况、配偶收入、配偶职业等，政策因素主要是分娩费用报销情况与产假天数等。

受教育年限。主要指职前教育水平，根据问卷中"不包括成人教育，您总共上了几年学"来测量。分析时作为连续变量纳入模型。

初始职业。测量方法与第三章介绍中的相同，分析时作为连续变量纳入模型。

党员身份。测量方法与第三章相同。将非党员赋值为 0，党员赋值为 1。数据分析时将其作为虚拟变量纳入模型。

技术职称。测量方法与第三章相同。将问卷中"有国家承认的专业技术职称"的赋值为 1，"没有"则赋值为 0。分析时作为虚拟变量纳入模型。

工作年限。测量方法与第三章相同。该变量是根据问卷中"您是多大年龄开始务工的"的问题计算而得。在数据分析时将其作为连续变量纳入模型。

更换工作情况。将"未更换过工作"赋值为 1，将"更换过工作"赋值为 0。分析时作为虚拟变量纳入模型。

因生育而中断职业经历。将"有过因婚育而中断工作的经历"的赋值为 0，没有此经历的赋值为 1。在数据分析时将其作为虚拟变量纳入模型。

性别角色观念。计算方法与第三章相同，通过问卷中对"男人应该以社会为主，女人应该以家庭为主"、"丈夫的发展比妻子的发展更重要"和"挣钱养家主要是男人的事情"三个问题的态度来测量。数据分析时将其作为连续变量纳入模型。

家务劳动时间。测量方法与第三章相同。通过问卷中"昨天您用于下列活动（家务劳动）的时间"的问题来测量。数据分析时将其作为连续变量，并取自然对数形式。

子女照料支持。测量方法与第三章相同。以本人照料为参照，将其他照料支持进行合并，处理为虚拟变量。将"有照料支持"赋值为1，"本人照料"赋值为0。

配偶收入。测量方法与第三章相同。具体通过上一年度配偶各项收入的总和来测量。分析时将其作为连续变量纳入模型，并取自然对数形式。

配偶职业地位。该变量根据问卷中"您配偶的职业状况"来测量。以国家统计局职业大类为基础，把配偶的职业地位定义为一个由低到高的等级序列，分别是农业劳动者、产业工人、商业服务业人员、办事人员、专业技术人员、各类负责人，依次赋分为1~6分。分值越高，代表个体的职业地位越高。分析时将其作为连续变量纳入模型。

分娩费用报销。测量方法与第三章相同。将"全部免费/报销"、"定额补贴"和"部分报销"合并为"报销"，赋值为1，将"全部自费"视为"自费"并赋值为0。数据分析时将其作为虚拟变量纳入模型。

产假天数。测量方法与第三章相同。将问卷中产假天数为"3个月"的赋值为1，产假天数为"3个月以上"的赋值为0。

所有变量的具体定义如表4－1所示，表格包括变量名称、变量类型、变量说明。

表 4 - 1　变量的操作化说明

变量	变量类型	变量说明
因变量		
就业方式选择	多分类变量	1 = "体制内就业"（参照组） 2 = "体制外就业" 3 = "未就业"
自变量		
3 岁及以下子女	二分变量	0 = "无"，1 = "有"
子女数量	二分变量	0 = "1 个孩子"，1 = "2 个孩子"
控制变量		
受教育年限	连续变量	职前受教育的年限
初始职业	连续变量	第一份工作的职业地位指数
党员身份	二分变量	0 = "否"，1 = "是"
技术职称	二分变量	0 = "无"，1 = "有"
工作年限	连续变量	从开始工作到现在的时间
更换工作情况	二分变量	0 = "更换过工作"，1 = "未更换过工作"
因生育而中断职业经历	二分变量	0 = "有"，1 = "无"
性别角色观念	连续变量	根据问卷题目相加得不同分值
家务劳动时间	连续变量	用于做饭、清洁、照顾家人和日常采购等的时间总和
子女照料支持	二分变量	0 = "本人照料"，1 = "有照料支持"
配偶职业地位	连续变量	按照职业等级赋分
配偶收入	连续变量	上一年度配偶的个人总收入
分娩费用报销	二分变量	0 = "自费"，1 = "报销"
产假天数	二分变量	0 = "3 个月以上"，1 = "3 个月"

二　数据的描述性分析结果

表 4 - 2 报告了所有变量在不同类型的女性中，其基本特征的描述统计结果。交叉分析结果显示，就业方式选择在城镇女性生育子女的数量（$\chi^2 = 206.272$，sig.= 0.000）和子女年龄（$\chi^2 = 50.791$，sig.= 0.000）方面均存在显著性差异。具体来说，从子女数量来看，有 2 个孩子的女性的

未就业比例较高，达到 48.7%，比有 1 个孩子的女性未就业比例（23.8%）高出 24.9 个百分点；而从体制内就业方式来看，有 2 个孩子的女性的体制内就业比例为 23.6%，比有 1 个孩子的女性体制内就业的比例（45.3%）低 21.7 个百分点。从子女年龄来看，有 0～3 岁子女的女性体制外就业比例为 41.5%，比 3 岁以上子女的女性体制外就业比例（28.3%）高出 13.2 个百分点；有 0～3 岁子女的女性未就业比例为 29.5%，与有 3 岁以上子女的女性未就业比例（28.6%）相比的差异较小，仅高 0.9 个百分点；而从体制内就业来看，有 0～3 岁子女的女性体制内就业比例为 29.0%，比有 3 岁以上子女的女性体制内就业比例（43.1%）低 14.1 个百分点。控制变量在生育子女的数量和子女年龄方面的差异详见表 4-2。

表 4-2　变量的描述性统计

单位：%

变量	1 个孩子	2 个孩子	0～3 岁	3 岁以上
	有效百分比（%）	有效百分比（%）	有效百分比（%）	有效百分比（%）
未就业	23.8	48.7	29.5	28.6
体制外就业	30.9	27.7	41.5	28.3
体制内就业	45.3	23.6	29.0	43.1
党员身份	16.3	7.1	10.2	15.3
有技术职称	24.6	7.9	23.5	21.2
未更换过工作	43.9	43.9	50.6	42.8
无因生育而中断职业经历	78.9	74.7	69.7	79.4
有子女照料支持	53.5	29.3	47.0	49.1
有分娩费用报销	42.7	15.1	41.8	36.6
产假天数	28.9	13.8	12.3	28.2
变量	平均值	平均值	平均值	平均值
受教育年限	10.6	8.1	11.0	9.9
初始职业	58.6	54.5	59.3	57.6
工作年限	18.2	21.3	9.4	20.3

变量	平均值	平均值	平均值	平均值
性别角色观念	7.6	6.8	7.4	7.4
家务劳动时间（对数）	4.6	4.9	4.7	4.6
配偶职业地位	3.2	2.8	3.2	3.1
配偶收入（对数）	9.6	9.5	9.8	9.6

三 模型估计结果及解释

从以上描述性分析可知，城镇女性的就业方式选择在生育子女的数量和子女年龄方面均存在差异，在此基础上进一步分析生育与女性就业方式选择之间的关系。依据本章的研究目标，考虑到因变量是一个多分类变量，因此以体制内就业作为参照组，运用无序多分类 Logistic 回归模型，来探讨生育对女性就业方式选择的影响。通过建立嵌套模型，以期发现在控制其他变量的条件下自变量对因变量的影响，模型设定如表4－3所示。

模型主要包括四个子模型，模型1和模型2只加入了生育状况变量，模型3和模型4增加了个人特征、家庭特征、生育政策支持三个层面的控制变量。模型1和模型2、模型3和模型4的卡方值分别为249.230（Sig.＝0.000）、1434.624（Sig.＝0.000），说明四个模型均具有统计学上的研究意义。模型拟合优度结果显示，模型1和模型2、模型3和模型4的卡方值分别为1.969（Sig.＝0.374）、6423.697（Sig.＝0.156），说明四个模型拟合优度通过检验，拟合程度良好。

模型1和模型2显示，子女年龄和子女数量对女性就业方式的选择具有显著影响。具体来说，子女年龄对女性就业方式选择具有显著影响，在0.001和0.01的显著性水平下，模型1和模型2中的子女年龄系数均显著，说明有3岁及以下子女的女性选择体制外就业和不就业的发生率均高于没有3岁及以下子女的女性，且优势比（OR）均大于1，分别为 2.137 和 1.427，说明有 3 岁及以下婴幼儿的女性选择体制外就业和不就业（相对于体制内就业群体而言）方式的概率显著提高。同时，子女数量对女性就业方式选择也具有显著影响。模型 1 和模型 2 中的子女数量系数均在 0.001 的显著性水平下显著，说明有 2 个孩子的女性选择体制外就业和不就业的发生率（相对于体制内就业群体而言）均高于有 1 个孩子的女性，且优势比（OR）均大于 1，分别为 1.650 和 3.913，说明有 2 个孩子的女性选择体制外就业和不就业方式的概率会显著提高。这些结果表明，育儿带来的家庭责任让女性投入更多的时间和精力在家庭中，工作－家庭冲突加剧，给女性的职业发展带来了较多的限制，女性可能会选择有利于其兼顾工作－家庭平衡的体制外就业、兼职工作或灵活就业方式。统计结果显示，目前在业女性中，有 41.4% 的女性存在工作－家庭冲突，其中，有 42.2% 的有 3 岁及以下子女的女性存在家庭－工作冲突（家庭影响工作），有 66.4% 的有 3 岁及以下子女的女性存在工作－家庭冲突（工作影响家庭）。同时，有 42.0% 的有两个孩子的女性存在家庭－工作冲突，有 61.4% 的有 2 个孩子的女性存在工作－家庭冲突。显然，当工作－家庭冲突出现或加剧时，更多的是女性做出妥协或让步，把家庭放置于更加重要的位置，选择灵活的体制外就业方式或直接退出劳动力市场。

　　模型 3 和模型 4 增加了个人层面、家庭层面和政策支持层面的控制变量。结果显示，从子女年龄来看，模型 3 和模型 4 中的子女年龄系数仍然显著（分别在 0.01 和 0.05 的显著性水平上显著），说明在控制了其他因素后，有 3 岁及以下子女的女性选择体制外就业和不就业方式（相对于体制内就业而言）的发生率仍然均高于没有 3 岁及以下子女的女性，且优势比（OR）仍然均大于 1，分别为 1.752 和 1.578。从子女数量来看，在控制了其他变量后，有 2 个孩子的女性选择不就业方式的发生率（相对于体制内就业群体而言）仍然高于有 1 个孩子的女性，且优势比（OR）为 1.493，仍然大于 1，说明子女数量对女性选择不就业的方式仍然具有显著影响（在 0.01 的显著性水平上显著）。但是，子女数量对女性选择体制外就业的影响（相对于体制内就业群体而言）并未通过显著性检验，说明有 2 个孩子的女性与有 1 个孩子的女性在体制外就业选择方面并不存在显著性差异，很可能是受到了其他因素的影响，这有待进一步探讨。

　　子女年龄和子女数量影响女性生育后的就业方式选择，这一影响会通过女性较高的人力资本水平、工作特征和生育政策支持而有所减弱，即人力资本因素、工作特征因素和生育政策支持因素对就业方式选择会产生一定的抑制作用。具体来说，模型 3 和模型 4 的受教育年限、初始职业、党员身份、技术职称、工作年限、更换工作情况、因生育而中断职业经历、家务劳动时间、分娩费用报销等变量的回归系数均为负数且统计显著。第一，从人力资本特征来看，受教育年限越长、初始职业指数越高，意味着在体制内就业的可能性越大，体制内就业稳定性强、保障相对较好，生育后重返原职业或原岗位的可能性越大，因此，受教育程度和初职职业地位指数越高，会显著降低女性体制外就业和不就业的风险，模型 3 和模型 4 中的系数值均在 0.001 的显著性水平上显著。同时，党员身份、技术职称的获得对女性选择体制外就业和不就业的方式也都产生了显著负向影响。这一统计结果说明，作为人力资本中的重要内容，专业技术职称、培训或进修经历对其工作经验的积累比较有利，对其重返职场后的就业选择会产生比较重要的影响，而党员身份在我国具有相对比较特殊的地位，对个体的职业选择也会产生重要影响。第二，从工作经历来看，未更换过工作、无因生育而中断职业经历，会对女性选择体制外就业和不就业的方式产生抑制作用，模型中的系数均显著。关于这一结果的解释是，学历、专业技术职称具有较强的个人专属性，若更换工作很可能减少人力资本回报，从职业收益最优化角度出发，那些拥有较高人力资本的女性，更换工作的可能性较小，因此，未更换过工作的女性意味着其职业稳定性较强，生育后继续选择体制内就业方式的可能性也越大。相比较而言，工作更换更可能发生在低学历的女性中，更换工作意味着工作稳定性较差，生育后重返劳动力市场更有可能选择体制外就业或不就业的方式。另外，无因生育而中断职业经历的女性，一般其职业稳定性较好，生育后可能会重返原岗位。但是，如果女性因生育曾退出过劳动力市场，一般会带来工作经验积累的中断以及与社会的脱节，对其重返职场后的职业选择会非常不利，由此也验证了职业中断导致的人力资本贬值的理论解释。第三，从家务劳动时间来看，家务劳动时间对女性选择体制外就业和不就业的方式同样产生了抑制作用，模型 3 和模型 4 中的系数均显著。此结果与部分学者的研究结论或常识性判断并不一致。可能的解释是，在我国，无论是体制内、体制外还是未就业女性，生育所带来的子女养育、教育等家庭责任都会导致家务劳动时间的增多。但相关研究也表明，家务劳动时间并未挤占女性的工作时间，大部分女性是牺牲了闲暇时间来满足婚后不断增加的家庭照料、家务劳动需求和工作时间需求。独立样本 t 检验结果显示，有 0 ~ 3 岁子女与有 3 岁以上子女的女性，其平均家务劳动时间（对数）分别为 4.7 与 4.6，并不存在显著性差异（Sig. = 0.408）。方差分析结果也显示，不同就业方式的女性的家务劳动时间虽然存在显著性差异，但事后检验结果表明，体制内女性与体制外女性的家务劳动时间并不存在显著性差异。更为重要的是，当用体制外就业或不就业作为参照组进行多元 Logistic 回归时，结果显示，家务劳动时间对女性选择体制内就业具有正向影响。上述数据结果表明，很多女性为增加家庭经济收入或者保持工作 – 生活平衡，尽管要承担繁重的家庭责任，但仍然会在生育后选择继续回到劳动力市场就业。第四，从生育政策支持来看，享受分娩费用报销对女性选择体制外就业和不就业的方式具有显著负向影响，模型 3 和模型 4 中的系数值均在 0.001 的显著性水平上显著。这说明相对较稳定的职业一般能够享受分娩费用报销政策，不但可以为女性提供生育经济支持，而且对保障女性产假结束后能立即回到原工作岗位继续就业具有重要意义。

另外，性别角色观念在一定程度上降低了体制外就业的风险，即性别角色观念越现代，越会减少选择体制外就业的可能性，模型 3 中的系数值在 0.05 的显著性水平上显著，但性别角色观念并未对女性选择不就业的方式产生抑制作用。配偶职业地位、产假天数、子女照料支持会降低女性退出劳动力市场的概率，但未对女性选择体制外就业方式产生影响。这说明享受国家规定的产假时间、配偶拥有较高职业地位、有子女照料支持，既可以为女性提供育儿时间支持、减轻女性的育儿负担，也可以为女性的职业发展提供支持，避免其因生育责任而退出劳动力市场。

表 4 - 3　生育与女性就业方式选择的无序多分类 Logistic 回归模型

| | 模型 1 | | 模型 2 | | 模型 3 | | 模型 4 | |
| | 体制外就业/ 体制内就业 | | 未就业/ 体制内就业 | | 体制外就业/ 体制内就业 | | 未就业/ 体制内就业 | |
	B (SE)	Exp (B)	B (SE)	Exp (B)	B (SE)	Exp (B)	B (SE)	Exp (B)
截距	- 0.487 *** (0.045)		- 0.686 *** (0.048)		6.521 *** (0.605)		7.361 *** (0.697)	
生育状况								
3 岁及以下子女 （参照组：无）	0.759 *** (0.111)	2.137	0.356 ** (0.122)	1.427	0.561 ** (0.163)	1.752	0.456 * (0.192)	1.578
子女数量 （参照组：1 个孩子）	0.501 *** (0.111)	1.650	1.364 *** (0.102)	3.913	0.047 (0.146)	1.048	0.401 ** (0.150)	1.493
控制变量								
受教育年限					- 0.121 *** (0.023)	0.886	- 0.180 *** (0.026)	0.835
初始职业					- 0.042 *** (0.007)	0.959	- 0.056 *** (0.009)	0.945
党员身份 （参照组：非党员）					- 1.272 *** (0.153)	0.280	- 1.112 *** (0.208)	0.329

续表

	模型1		模型2		模型3		模型4	
	体制外就业/体制内就业		未就业/体制内就业		体制外就业/体制内就业		未就业/体制内就业	
	B(SE)	Exp(B)	B(SE)	Exp(B)	B(SE)	Exp(B)	B(SE)	Exp(B)
技术职称（参照组：无）					-0.256*(0.127)	0.774	-0.848***(0.203)	0.428
工作年限					-0.048***(0.008)	0.953	-0.028**(0.009)	0.973
更换工作情况（参照组：更换过工作）					-1.187***(0.102)	0.305	-0.672***(0.116)	0.511
因生育而中断职业经历（参照组：有）					-0.929***(0.124)	0.395	-0.414**(0.139)	0.661
性别角色观念					-0.049*(0.023)	0.952	-0.016(0.027)	0.984
家务劳动时间（取对数）					-0.120**(0.036)	0.887	-0.095*(0.043)	0.909
子女照料支持（参照组：本人照料）					-0.028(0.104)	0.972	-0.272*(0.120)	0.761
配偶职业地位					-0.025(0.037)	0.975	-0.081+(0.045)	0.922
配偶收入（取对数）					0.044(0.031)	1.045	-0.025(0.031)	0.975
分娩费用报销（参照组：自费）					-0.451***(0.106)	0.637	-0.906***(0.134)	0.404
产假天数（参照组：3个月以上）					-0.123(0.108)	0.884	-0.983***(0.152)	0.374
-2对数似然值	53.376				5266.086			
Nagelkerke R^2	0.070				0.414			
N	3894				3172			

$^{+}p < 0.1$，$^{*}p < 0.05$，$^{**}p < 0.01$，$^{***}p < 0.001$。

四 稳健性检验

为了检验上述发现的稳健性，本书采用替换变量法和对变量重新编码的方法，来重新检验上述自变量对因变量的影响。具体来说，是将自变量中的是否有 3 岁及以下子女替换成是否有 6 岁及以下子女，而将子女数量由二分类变量改为连续变量进行处理，然后将这两个变量作为替代指标重新放入模型中进行稳健性检验。稳健性检验也包括四个模型，模型 1 和模型 2、模型 3 和模型 4 的卡方值分别为 280.402（Sig.=0.000）、1442.813（Sig.=0.000），拟合优度检验的卡方值分别为 0.006（Sig.=0.997）、6437.069（Sig.=0.129），说明四个模型也均具有统计学上的研究意义，拟合程度良好。表 4-4 报告了生育替代变量对女性就业方式选择的影响。结果显示，通过分析各检验模型的 p 值、-2 对数似然值、Nagelkerke R^2 等相关参数可知，这些结果与表 4-3 中的结论基本一致，说明研究结果具有较强的稳健性。其中，模型 1 和模型 2 结果显示，相对于体制内就业方式而言，即使将子女的年龄扩大至 6 岁及以下，子女年龄和子女数量对女性选择体制外就业方式和不就业方式仍然具有显著正向影响；模型 3 和模型 4 增加了个人层面、家庭层面和政策支持层面的控制变量，结果显示，在控制了其他因素后，两个模型中的子女年龄系数仍然显著。同时，子女数量对女性选择不就业的方式也具有显著影响。

表 4-4　生育与女性就业方式选择的无序多分类 Logistic 回归模型（稳健性检验）

| | 模型 1 | | 模型 2 | | 模型 3 | | 模型 4 | |
| | 体制外就业/体制内就业 | | 未就业/体制内就业 | | 体制外就业/体制内就业 | | 未就业/体制内就业 | |
	B (SE)	Exp (B)	B (SE)	Exp (B)	B (SE)	Exp (B)	B (SE)	Exp (B)
截距	-1.046*** (0.134)		-2.070*** (0.129)		6.317*** (0.629)		6.807*** (0.721)	
生育状况								
6 岁及以下子女（参照组：无）	0.786*** (0.089)	2.194	0.348** (0.096)	1.417	0.635** (0.145)	1.887	0.556** (0.166)	1.744
子女数量	0.470*** (0.111)	1.600	1.352*** (0.102)	3.865	-0.003 (0.147)	0.985	0.355* (0.721)	1.426
控制变量								
受教育年限					-0.123*** (0.023)	0.962	-0.182*** (0.026)	0.834

续表

	模型 1		模型 2		模型 3		模型 4	
	体制外就业/ 体制内就业		未就业/ 体制内就业		体制外就业/ 体制内就业		未就业/ 体制内就业	
	B (SE)	Exp (B)	B (SE)	Exp (B)	B (SE)	Exp (B)	B (SE)	Exp (B)
初始职业					-0.042*** (0.007)	0.959	-0.056*** (0.009)	0.945
党员身份 (参照组：非党员)					-1.259*** (0.153)	0.284	-1.099*** (0.208)	0.333
技术职称 (参照组：无)					-0.262* (0.127)	0.769	-0.852*** (0.204)	0.427
工作年限					-0.039*** (0.009)	0.962	-0.019* (0.010)	0.981
更换工作情况 (参照组：更换过工作)					-1.168*** (0.102)	0.311	-0.657*** (0.116)	0.519
因生育而中断职业经历 (参照组：有)					-0.905*** (0.124)	0.405	-0.392** (0.139)	0.676
性别角色观念					-0.051* (0.023)	0.950	-0.017 (0.027)	0.983
家务劳动时间 (取对数)					-0.118** (0.036)	0.889	-0.095* (0.043)	0.909
子女照料支持 (参照组：本人照料)					-0.043 (0.104)	0.958	-0.286* (0.120)	0.751
配偶职业地位					-0.026 (0.037)	0.974	-0.082+ (0.045)	0.921
配偶收入 (取对数)					0.042 (0.031)	1.043	-0.026 (0.031)	0.975
分娩费用报销 (参照组：自费)					-0.444*** (0.106)	0.641	-0.909*** (0.134)	0.403
产假天数 (参照组：3 个月以上)					-0.111 (0.108)	0.895	-0.970*** (0.152)	0.379
-2 对数似然值	53.193				5257.897			
Nagelkerke R^2	0.078				0.416			
N	3894				3172			

+ $p < 0.1$，* $p < 0.05$，** $p < 0.01$，*** $p < 0.001$。

五　总结与讨论

对于上述模型估计的结果，总体来看，这些结论与国内外一些学者的研究结论一致。如有学龄前儿童的女性，倾向于从事兼职工作（Booth & Van，2009），比较符合社会的理想与对女性的角色期待（Bianchi，2000）。另外，兼职工作也更易进入，不需要培训或特殊的人力资本（Wolf & Rosenfeld，1978）。有些女性，为照顾子女选择了生育后暂时不返回劳动力市场。在欧洲高福利国家，政府对兼职工作的女性，在薪酬、工作福利、工作时间安排等方面，给予了与全职就业同等的支持与保护，就业质量相对较高。而在我国，对体制外就业的保护、保障与支持相对不足，稳定性差，就业质量偏低。因此，体制外就业在一定程度上为女性平衡工作与家庭提供了便利，但也拉大了性别工资差距及提高了劳动力市场上的性别不平等程度。因此，如何为体制外就业女性提供更多的支持与保障，提高就业质量，如何为因为工作－家庭冲突而选择不就业的女性减轻照料负担，让其尽快重返劳动力市场，是需要进一步深入思考的问题。

第三节　生育对女性职业地位获得的影响

因抚育子女带来的家庭责任与照料压力、工作－家庭冲突，会影响到女性职业发展的路径选择。过去大量的研究也表明，子女数量与子女年龄、人力资本状况、性别角色观念、家庭支持等因素都会对女性职业地位产生一定的影响。本节重点探讨生育状况对女性目前职业地位获得产生的影响。

一 变量的选择与测量

1. 因变量

本节的因变量为女性的"目前职业"。该变量根据问卷中的两个调查问题测得。一个问题是"你目前/最后的职业是什么"。另一个问题是"目前您是否从事有收入的工作/劳动",根据研究对象的年龄,保留"是"和"否"两个答案,将"是"视为就业,将"否"视为未就业。对于在业女性,目前职业的测量与初始职业的测量方法相同,也是将其转化为职业的社会经济地位指数来进行测量。具体参考了国内学者的计算方法,并根据本次调查中的一些具体职业发生的变化情况进行了调整,据此得到受访者职业的社会经济地位指数,取值为 0 ~ 100 分,用以代表职业的相对地位。分析时将其作为连续变量纳入模型。为更准确地反映女性因生育带来的职业选择与职业地位的变化,将目前未就业的人群也纳入进来进行分析,如果目前"未就业"则视其职业社会经济地位指数为 0。

2. 自变量

本节将子女年龄和子女数量作为主要自变量。

子女年龄。为更准确地反映育儿责任对职业地位获得的影响,本章将子女年龄限定为 3 岁及以下。有 3 岁及以下子女赋值为 1,没有赋值为 0。

子女数量。子女数量主要用"您目前有几个孩子"来测量,2 个孩子赋值为 1,1 个孩子赋值为 0。两个自变量在数据分析时均作为虚拟变量纳入模型。

3. 控制变量

本节的控制变量是在借鉴以往研究的基础上,基于个人特征、家庭特征、生育政策支持等方面加以选取。其中,个人特征主要是受教育年限、初始职业、党员身份、技术职称、工作年限、更换工作情况、因生育而中断就业经历、性别角色观念、家务劳动时间等，家庭特征主要是子女照料支持状况、配偶收入、配偶职业等，政策因素主要是分娩费用报销情况与产假天数等。

受教育年限。主要指职前受教育年限，根据问卷中"不包括成人教育，您总共上了几年学"来测量。分析时作为连续变量纳入模型。

初始职业。测量方法与第三章介绍中的相同，分析时作为连续变量纳入模型。

党员身份。测量方法与第三章相同。将非党员赋值为0，党员赋值为1。数据分析时将其作为虚拟变量纳入模型。

技术职称。测量方法与第三章相同。将问卷中"有国家承认的专业技术职称"的赋值为1，"没有"则赋值为0。分析时作为虚拟变量纳入模型。

工作年限。测量方法与第三章相同。该变量是根据问卷中"您是多大年龄开始务工的"这一问题计算而得。数据分析时将其作为连续变量纳入模型。

更换工作情况。将"更换过工作"赋值为1，将"未更换过工作"赋值为0。分析时作为虚拟变量纳入模型。

因生育而中断职业经历。将"有过因婚育而中断工作的经历"的赋值为1，没有此经历的赋值为0。在数据分析时将其作为虚拟变量纳入模型。

性别角色观念。计算方法与第三章相同，通过问卷中对"男人应该以社会为主，女人应该以家庭为主"、"丈夫的发展比妻子的发展更重要"和"挣钱养家主要是男人的事情"三个问题的态度来测量。数据分析时将其作为连续变量纳入模型。

家务劳动时间。测量方法与第三章相同。根据问卷中"昨天您用于下列活动（家务劳动）的时间"这一问题来测量。数据分析时将其作为连续变量，并取自然对数形式。

子女照料支持。测量方法与第三章相同。以本人照料为参照，将其他照料支持合并为"有照料支持"，处理为虚拟变量。将"有照料支持"赋值为1，"本人照料"赋值为0。

配偶收入。测量方法与第三章相同。具体通过上一年度配偶各项收入的总和来测量。分析时作为将其作为连续变量纳入模型，并取自然对数形式。

配偶职业地位。该变量根据问卷中"您配偶的职业状况"来测量。以国家统计局职业大类为基础，把配偶的职业地位定义为一个由低到高的等级序列，分别是农业劳动者、产业工人、商业服务业人员、办事人员、专业技术人员、各类负责人，依次赋分为1~6分。分值越高，代表个体的职业地位越高。分析时将其作为连续变量纳入模型。

分娩费用报销。测量方法与第三章相同。将"全部免费/报销"、"定额补贴"和"部分报销"合并为"报销"，赋值为1，将"全部自费"赋值为0。数据分析时将其作为虚拟变量纳入模型。

产假天数。测量方法与第三章相同。将问卷中产假天数为"3个月"的赋值为1，产假天数为"3个月以上"的赋值为0。

所有变量的具体定义如表4-5所示，表格包括变量名称、变量类型、变量说明。

表4-5 变量的操作化说明

变量	变量类型	变量说明
因变量		
现职地位	连续变量	目前的工作（职业地位指数）
自变量		
3岁及以下子女	二分变量	0 = "无"，1 = "有"
子女数量	二分变量	0 = "1个孩子"，1 = "2个孩子"

续表

变量	变量类型	变量说明
控制变量		
受教育年限	连续变量	职前受教育的年限
初始职业	连续变量	第一份工作的职业地位指数
党员身份	二分变量	0 = "否"，1 = "是"
技术职称	二分变量	0 = "无"，1 = "有"
工作年限	连续变量	从开始工作到现在的时间
更换工作情况	二分变量	0 = "未更换过工作"，1 = "更换过工作"
因生育而中断职业经历	二分变量	0 = "无"，1 = "有"
性别角色观念	连续变量	根据问卷题目相加得不同分值
家务劳动时间	连续变量	用于做饭、清洁、照顾家人和日常采购的时间总和
子女照料支持	二分变量	0 = "本人照料"，1 = "有照料支持"
配偶职业地位	连续变量	按照职业等级赋分
配偶收入	连续变量	上一年度配偶的个人总收入
分娩费用报销	二分变量	0 = "自费"，1 = "报销"
产假天数	二分变量	0 = "3 个月以上"，1 = "3 个月"

二　数据的描述性分析结果

统计数据显示，总体来说，目前生育女性现职地位指数平均值为 46.47，中位值为 56.56。表 4 - 6 报告了所有变量在不同类型的女性中，其现职地位的描述性统计结果。比较平均值结果显示，现职地位在城镇女性生育子女的数量和子女年龄方面均存在显著性差异。有 2 个孩子的女性的现职地位指数平均值为 39.2，比有 1 个孩子的女性的现职地位指数平均值（48.1）低了 8.9，且存在显著性差异（$t = 7.892$，sig.= 0.000）。同样，子女年龄在 0～3 岁的女性的现职地位指数平均值为 41.7，比有 3 岁以上子女的女性的职业地位指数平均值（47.3）低了 5.6，且存在显著性差异（$t = 4.109$，sig.= 0.000）。控制变量在生育子女数量和子女年龄方面的差异详见表 4 - 6。

表 4 - 6　变量的描述性统计

变量	1 个孩子	2 个孩子	0～3 岁	3 岁以上
	平均值	平均值	平均值	平均值
现职地位（指数）	48.1	39.2	41.7	47.3
受教育年限	10.6	8.1	11.0	9.9
初始职业	58.6	54.5	59.3	57.6
工作年限	18.2	21.3	9.4	20.3
性别角色观念	7.6	6.8	7.4	7.4
家务劳动时间（对数）	4.6	4.9	4.7	4.6
配偶职业地位	3.2	2.8	3.2	3.1
配偶收入（对数）	9.6	9.5	9.8	9.6
变量	有效百分比（%）	有效百分比（%）	有效百分比（%）	有效百分比（%）
党员身份	16.3	7.1	10.2	15.3
有技术职称	24.6	7.9	23.5	21.2
更换过工作	56.1	56.1	49.4	57.2
有因生育而中断职业经历	21.1	25.3	30.3	20.6
有子女照料支持	53.5	29.3	47.0	49.1
有分娩费用报销	42.7	15.1	41.8	36.6
产假天数	28.9	13.8	12.3	28.2

三　模型估计结果及解释

从以上描述性分析可知，城镇女性现职地位在生育子女的数量和子女年龄方面均存在差异，在此基础上进一步分析生育与女性现职地位获得之间的关系。鉴于因变量是一个连续变量，因此采用多元线性回归模型进行分析，通过建立嵌套模型，以期发现在控制其他变量的条件下自变量对因变量的影响，模型设定如表 4 - 7 所示。

模型主要包括四个子模型，模型 1 只加入了生育状况变量，模型 2 增加了女性的受教育年限、初始职业、党员身份、技术职称、工作年限、个人收入、更换工作情况、性别角色观念、家务劳动时间等个人层面变量，模型 3 增加了子女照料支持、配偶收入、配偶职业地位等家庭层面变量，模型4增加了分娩费用报销和产假天数两个政策层面变量。表4-7中四个模型的调整后 R^2 值和 F 检验值显示，回归模型拟合效果较好，四个模型均具有统计学上的研究意义。

表4-7　生育与女性现职地位获得的多元线性回归模型

变量	模型1		模型2		模型3		模型4	
	B	SE	B	SE	B	SE	B	SE
生育状况								
3岁及以下子女（参照组：无）	-5.171***	1.205	-9.416***	1.244	-9.675***	1.262	-9.682***	1.279
子女数量（参照组：1个孩子）	-8.596***	1.078	0.61	1.037	1.573	1.064	1.63	1.082
控制变量								
受教育年限			0.306+	0.16	0.124	0.167	0.120	0.170
初始职业			0.749***	0.053	0.723***	0.054	0.720***	0.054
党员身份（参照组：非党员）			8.518***	1.076	7.674***	1.083	7.699***	1.084
技术职称（参照组：无）			5.646***	1.017	5.060***	1.025	5.004***	1.036
工作年限			-0.393***	0.062	-0.41***	0.064	-0.414***	0.066
更换工作情况（参照组：未换过工作）			7.045***	0.778	6.741***	0.791	6.815***	0.793
因生育而中断职业经历（参照组：无）			-8.262***	0.915	-6.776***	0.946	-6.795***	0.963
性别角色观念			0.367*	0.179	0.411*	0.182	0.406*	0.183
家务劳动时间（取对数）			-4.125***	0.279	-3.942***	0.286	-3.937***	0.286
子女照料支持（参照组：本人照料）					6.543***	0.827	6.292***	0.841
配偶收入（取对数）					0.198	0.227	0.214	0.228
配偶职业地位					-0.235	0.294	-0.277	0.295
分娩费用报销（参照组：自费）							0.642	0.875
产假天数（参照组：3个月以上）							-0.025	0.886
常量	48.831***	0.490	20.515***	3.949	18.526***	4.468	18.597***	4.512
F值	42.764		119.794		96.560		83.748	
调整后 R^2	0.022		0.275		0.291		0.290	
样本量	3710		3447		3261		3239	

$+ p < 0.1$，$* p < 0.05$，$** p < 0.01$，$*** p < 0.001$。

模型 1 显示，子女年龄和子女数量对女性现职地位获得均具有显著影响。具体来说，从子女年龄来看，相对于没有 3 岁及以下子女的女性，有 3 岁及以下子女的女性，生育后重返劳动力市场对其现职地位获得产生了显著负向影响（在 0.001 的显著性水平上显著）。从子女数量来看，与有 1 个孩子的女性相比，有 2 个孩子的女性对其现职地位获得也产生了显著负向影响（在 0.001 的显著性水平上显著）。这一结果表明，抚育子女所带来的时间与照料等压力，会让女性投入更多的时间和精力在家庭上，会对女性生育后的职业选择产生较大影响，有些女性难以重返生育前相同或相似的岗位，从而影响其职业发展和现职地位获得，而有些女性甚至做出暂时不重返劳动力市场的决定。

由模型 2 可知，在控制了受教育年限、初始职业、党员身份、技术职称、工作年限、更换工作情况、性别角色观念、家务劳动时间等个人层面的变量后，子女年龄对女性现职地位获得的影响仍具有统计学意义。相对于没有 3 岁及以下子女的女性，有 3 岁及以下子女的女性，生育对其现职地位获得仍产生了显著负向影响（在 0.001 的显著性水平上显著）。但是，从控制变量的情况来看，这一负向影响会因生育而中断职业经历以及家务劳动时间的增加而有所增强，也会通过女性较高的人力资本水平和工作特征而有所减弱。第一，家务劳动时间对女性现职地位获得具有显著负向影响（在 0.001 的水平上显著），即家务劳动时间的增加不利于其现职地位获得。数据显示，有 3 岁及以下子女的女性的家务劳动时间高于没有 3 岁及以下子女的女性。这表明，家务劳动时间的增多会给女性的职业发展带来较多限制，在时间资源有限的情况下，投入在家庭上的时间越多，投入在工作上的时间相对就会减少，这势必影响她们在劳动力市场的发展，影响其现职地位获得。这比较符合社会的现实情形，在我国城镇地区，由生育带来的工作－家庭冲突会影响女性的就业选择。这一状况在"男主外，女主内"的传统性别角色观念的影响下，女性可能会选择有利于其兼顾工作－家庭平衡的兼职工作或灵活就业方式，甚至放弃职业发展而退出劳动力市场，由此验证了工作投入假定的理论解释。第二，因生育而中断职业经历对女性现职地位获得产生了显著负向影响（在0.001的显著性水平上显著）。有3岁及以下子女的女性，因生育而中断就业的比例达30.3%，这一比例高于没有3岁及以下子女的女性（20.6%），也高于有2个孩子的女性（25.3%）。这说明当女性因子女年龄较小需要照顾而暂时退出劳动力市场，会给女性带来工作经验积累的中断、各种职业关系网络的断裂，因生育中断就业时间越长，人力资本贬值就越严重，对其重返职场后职业地位的获得就越不利，由此也验证了人力资本贬值的理论解释。第三，子女年龄对女性现职地位获得产生的负向影响会通过较高的人力资本水平、工作特征与性别角色观念而有所减弱。模型2中的系数显示，受教育年限对女性现职地位获得的影响仅在0.1的显著性水平上显著。其原因可能在于，受教育年限对个体的影响主要体现在初始职业的获得上，受教育年限越长，意味着学历越高，获得较高初职地位的可能性越大，初职地位越高，对现职获得的正向影响就会越大。但在女性目前的职业地位获得上，学历的优势实际上在逐渐减少，更多是受到其他一些因素如工作经验、工作能力、技术职称等因素的影响。同时，技术职称、党员身份、更换工作情况对女性现职地位获得都产生了显著正向影响，且均在0.001的显著性水平上显著。这一统计结果说明，作为人力资本中的重要内容，技术职称、工作变动可能对其工作经验的积累比较有利，对现职地位获得也会产生重要的影响。需要说明的是，党员身份在中国具有比较特殊的地位，尤其是对于在体制内就业的女性来说，党员身份对其职业地位的提升极为重要。第四，工作年限对女性职业地位获得产生了显著负向影响（在 0.001 的显著性水平上显著），这一结果似乎与传统人力资本理论不相符合。对其的解释是，根据人力资本理论，工作时间越长，专业技能和工作经验越丰富，人力资本存量和增量均在增加，获取较高职业地位的机会也将增加。但同时，工作年限的增加表明，随着年龄的增长，其劳动生产率将逐渐下降，获取较高职业地位的机会也将减少。另外，性别角色观念对现职地位获得产生了正向影响（在 0.05 的显著性水平上显著），说明性别角色观念越现代，越可能在生育后及时重返劳动力市场，也就越有利于其现职地位的获得。

由模型 3 可知，在增加了子女照料支持和配偶支持等家庭支持因素后，子女年龄对女性现职地位获得的影响仍具有统计学意义。相对于没有 3 岁及以下子女的女性，有 3 岁及以下子女的女性，生育对其现职地位的获得仍产生了显著负向影响（在 0.001 的显著性水平上显著）。但是，这一负向影响会通过子女照料支持而有所减弱。数据结果显示，子女照料支持对女性现职地位获得产生了显著正向影响（在 0.001 的显著性水平上显著）。家庭成员的育儿支持，主要是女性的父母或配偶的父母提供的支持较多，这与我国目前的现实国情相适应。在我国城镇地区，隔代照料现象较为普遍，中国式"啃老族"和"老漂族"现象充分说明了这一点。在缺少隔代照料支持的情况下，部分有经济条件的女性会购买市场上的有偿照顾服务（家政工或保姆），或将一部分家庭照顾责任转移到托幼机构。配偶收入与配偶职业地位对女性现职地位获得的影响并未通过显著性检验，而子女照料支持对女性职业选择的影响更为重要一些。

模型 4 显示，在增加了分娩费用报销和产假天数等生育政策支持因素的控制变量后，子女年龄对女性现职地位获得仍具有显著负向影响（在 0.001 的显著性水平上显著）。从控制变量的情况来看，人力资本水平、工作特征、性别角色观念与子女照料支持因素对女性现职地位获得仍具有显著影响，但是分娩费用报销和产假天数并未通过显著性检验。

在模型2、3、4中，在加入控制变量后，子女数量对女性现职地位获得的影响并未通过显著性检验，且影响方向由负向变为了正向。这一结论与国内外部分学者的研究结果并不太一致，但也因此反映了当前社会中的一些现实问题。正向影响可能与有2个孩子的女性面临的家庭经济压力有关。数据显示，有2个孩子的女性年龄普遍较大，文化程度较低。初职地位指数较低，收入也普遍较低。基于夫妻双方的相对同质性，配偶所拥有的社会经济资源也非常有限，对妻子所起到的支持作用相对也较小，职业地位获得更多地与自己的人力资本因素和努力有关。在这种情形下，生育二孩带来的经济抚育压力，会让女性继续留在劳动力市场上，与配偶一起共同承担养家的责任。但不可否认的是，自身条件的相对弱势决定了要获取较高的职业地位必将困难重重。

四　稳健性检验

为更好地检验上述发现的稳健性，本书采用替换变量法的方法，来重新检验上述自变量对因变量的影响。具体来说，自变量不变，仍然采用子女年龄（是否有3岁及以下子女）和子女数量（是否有两个孩子），但是对因变量进行替换，将现职地位替换成女性目前的收入，然后将变量作为替代指标重新放入模型进行稳健性检验。之所以做此处理，原因在于，职业与收入紧密相关，女性在生育后能否及时重返劳动力市场，或继续回到原就业岗位，收入的高低或变化是一个重要的表现形式。表4－8报告了生育对女性收入（现职地位获得替代变量）的影响。结果显示，通过分析各检验模型的 p 值、调整后 R^2 值等相关参数可知，这些结果与表 4-7 中的结论基本一致，说明研究结果具有较强的稳健性。其中，在模型 1 至模型 4 中，从子女年龄来看，相对于没有 3 岁及以下子女的女性来说，有 3 岁及以下子女对女性目前收入具有显著负向影响（在 0.001 的显著性水平上显著），与表 4-7 结论一致。从子女数量来看，与有 1 个孩子的女性相比，模型 1 的系数值为负，且在 0.001 的显著性水平上显著，也与表 4-7 结论一致。模型 2 至模型 4，其系数值虽与表 4-7 的结论不同，相同的是显著性检验均未通过。这一结果可能与样本中生育二孩的女性比例相对较低有一定关系，同时，随着我国全面"二孩"和"三孩"生育政策的实施，结论可能需要后续的深入研究进一步来验证。另外，此结论也表明相对于子女数量来说，子女年龄可能对女性的就业选择影响更大。

表 4-8 生育与女性收入的多元线性回归模型（稳健性检验）

变量	模型 1		模型 2		模型 3		模型 4	
	B	SE	B	SE	B	SE	B	SE
生育状况								
3 岁及以下子女 （参照组：无）	-0.562***	0.134	-0.558***	0.138	-0.578***	0.140	-0.620***	0.141
子女数量 （参照组：1 个孩子）	-0.794***	0.118	-0.105	0.115	-0.082	0.118	-0.022	0.119
控制变量								
受教育年限			0.068***	0.018	0.043*	0.019	0.034+	0.019
初始职业			0.032***	0.006	0.027***	0.006	0.026***	0.006
党员身份 （参照组：非党员）			0.432***	0.119	0.329**	0.12	0.332**	0.12
技术职称（参照组：无）			0.395***	0.112	0.350**	0.113	0.308**	0.114
工作年限			-0.007	0.007	-0.009	0.007	-0.013+	0.007
更换工作情况 （参照组：未换过工作）			0.361***	0.086	0.318***	0.087	0.338***	0.087
因生育而中断职业经历 （参照组：无）			-0.717***	0.101	-0.561***	0.105	-0.510***	0.106

续表

变量	模型 1		模型 2		模型 3		模型 4	
	B	SE	B	SE	B	SE	B	SE
性别角色观念			0.033 +	0.02	0.043 *	0.020	0.041 *	0.02
家务劳动时间（取对数）			− 0.309 ***	0.031	− 0.285 ***	0.032	− 0.285 ***	0.032
子女照料支持 （参照组：本人照料）					0.593 ***	0.091	0.537 ***	0.093
配偶收入（取对数）					0.033	0.025	0.030	0.025
配偶职业地位					0.064 *	0.032	0.061 +	0.032
分娩费用报销 （参照组：自费）							0.323 **	0.096
产假天数 （参照组：3 个月以上）							0.004	0.098
常量	8.784 ***	0.055	7.525 ***	0.436	7.151 ***	0.494	7.295 ***	0.497
F 值	32.838		44.581		38.150		33.707	
调整后 R^2	0.016		0.122		0.138		0.139	
样本量	3974		3449		3263		3241	

+ $p < 0.1$，* $p < 0.05$，** $p < 0.01$，*** $p < 0.001$。

五　总结与讨论

上述的模型估计结果显示，生育对女性的现职地位获得具有显著影响。有 3 岁及以下子女对女性现职地位获得产生了显著负向影响，这一负向影响会因生育而中断职业经历以及家务劳动时间的增加而有所增强，也会通过女性较高的人力资本水平、工作特征与子女照料支持而有所减弱。有 2 个孩子对女性现职地位获得也产生了显著负向影响，但在加入控制变量后，系数值由负值变为正值，但检验结果并不显著。对此可能的解释是，生育二孩给女性带来了较大的经济压力，女性会在休完产假后立即重返劳动力市场，与丈夫共同赚钱养家，从而有利于其职业地位的获得，因此呈现正向影响。但这种正向影响实际上较为有限，自身条件的限制使得她们要获取较高的职业地位困难重重。总体来看，上

述结果与目前部分学者的研究结论基本一致，子女的数量和年龄、工作
年限、初始职业、家庭经济状况等因素均与她们生育后再就业密切相
关。同时，模型估计结果也表明，女性在职业发展上遇到了更多个人能
力和结构因素之外的障碍。因此，女性如何顺利重返劳动力市场，如何
更好地平衡工作与家庭之间的关系，缓解工作－家庭冲突，值得深入
思考。

1. 工作－家庭冲突的多元复杂性

对于城镇育龄女性来说，其所面临的工作－家庭冲突首先表现为时
间的冲突，特别是家务劳动时间的增多。对于很多有 2 个孩子或 3 岁及
以下婴幼儿的女性来说，特别是在双薪家庭中，尽管有生育带来的工
作－家庭冲突，但她们仍然在休完产假后立即重返劳动力市场，主要原
因在于家庭的经济压力。获得经济收入、改善生存条件、提高生活水平
是许多家庭要面对和解决的首要问题，而高昂的育儿成本让很多女性只
能继续留在劳动力市场上，与配偶一起共同挣钱养家。因此，表面上看
起来是时间上的冲突，其背后却是经济需要与家庭责任之间的根本性冲
突。也就是说，在中国，工作－家庭冲突很大程度上源于家庭的经济焦
虑。这与西方学者比较强调工作和家庭角色中的主观体验、成效和满意
感存在较大差异（刘云香、朱亚鹏，2014）。一边是生育带来的家庭责
任的承担，另一边是获得更多经济收入的需求。实际上，中国城镇很多
双薪家庭都面临这种冲突与焦虑，工作－家庭冲突对家庭经济水平的需
求与变化更为敏感。随着国家对育儿责任的弱化、市场化的进程、家庭
结构的变化，生育责任主要由家庭来承担，育儿任务主要由家庭中的女
性来完成。当育儿与就业的矛盾能够通过家庭内部得以协调时，对女性
职业发展会产生一定的促进效应；当育儿与就业的矛盾难以通过家庭内
部得以协调时，女性往往会借助市场化的力量转移一部分家庭责任，在
家庭与工作之间努力保持平衡，育儿、教育、医疗、住房等诸多压力交

织在一起，使近年来城镇双薪家庭的工作－家庭冲突愈演愈烈，许多女性都是疲于奔命。

2. 因生育而中断职业的女性再就业的艰难困境

有因生育而中断职业经历的女性，绝大部分都不会一直回归家庭，随着子女年龄的增长，她们会考虑重返劳动力市场，继续自己的职业发展。在原有的职业已中断、职业关系网络已断裂、知识更新慢、与社会脱节较久的现实情境下，职业搜寻和选择的成本较高，在日益激烈的就业情境下，如何避免被边缘化，如何实现顺利重返劳动力市场，对她们来说，是一个巨大的挑战。很多现实性的障碍给女性再就业带来了不利的影响。第一，职场的性别歧视问题是目前女性再就业的最大障碍。用人单位从减少用工成本和提高效益的角度出发，对女性特别是已婚女性常常"避而不用"，招工招聘中的隐性性别歧视现象普遍存在，女性因生育责任而在就业领域常常受到不公平待遇。此外，目前我国的经济发展水平总体较低，以劳动密集型为主的低端产业较多，而强资本－弱劳工的劳动力市场格局，对劳动者权益的保护力度不够，对劳动者所得产生不利影响。第二，缺乏有效的、针对性强的返岗培训。职业中断女性大多缺少专业技能，如果不能接受有针对性的、更适宜的专业培训，很难在职场上立足。从现实情况来看，许多女性在重返职场后从事一些家政或照料性的服务工作，如家政、保洁、餐饮等，这些工作实际上是家务劳动在职场的复制和延伸，是以性别为基础的劳动分工从家庭向职场的转移，较低的职业地位显然不利于其社会地位的提升。此外，部分女性受传统的性别分工观念的影响，职业期望较低，自愿做出牺牲，主动回归家庭，将职业发展的希望寄托于配偶的成功。这种生活态度也会影响其顺利重返职场，甚至会导致向下的职业流动。

在社会转型期，必须将社会性别意识纳入生育与就业政策，保护劳动者的生育权与就业权，建立有效的劳动力市场监管机制，降低职场对女性的歧视，为女性生育后顺利重返劳动力市场提供良好的制度支持；对在职女性来说，第一要务是缓解双薪家庭的工作－家庭冲突，建立家庭友好型的社会福利服务体系，减轻家庭的育儿负担。

小　结

本章主要探讨了女性重返劳动力市场后，生育对女性就业方式选择和现职地位获得的影响。首先对目前生育女性的职业发展状况和主要特征进行了描述性分析。第一，在就业状态层面，目前不在业女性比例较高，而有因生育而中断职业经历的女性，目前不在业女性比例更高；体制外就业女性所占比重较大，育儿责任确实在一定程度上延缓了女性的职业发展。第二，在现职获得与发展机会层面，女性的求职途径因年龄、学历、子女状况不同而呈现多样化特点；行业分布以商业服务业为主，职位层次相对较低，约80%的女性是普通职工身份；人力资本提升机会少，职业发展空间受到挤压。第三，在就业收入层面，女性在生育后重返劳动力市场，常常会遭遇"母亲收入惩罚"，即与未生育的女性相比，生育的女性的收入会减少。第四，在就业保障层面，目前在职女性的工作时间相对较长，超时工作较为普遍；未签订劳动合同的女性比例较高；社会保障的覆盖率有待进一步提高；职业福利供给量相对较少，覆盖范围较窄。第五，在就业满意度层面，满意最高的是工作环境，其次是工作稳定性和劳动强度，对收入水平和发展前途的满意度较低。

在此基础上，本章进一步探讨了生育对女性就业方式选择的影响，模型估计结果显示，有3岁及以下子女的女性选择体制外就业和不就业

（相对于体制内就业群体而言）的概率显著提高。同时，有 2 个孩子的女性不就业的概率也显著提高。再有，上述影响也会通过女性较高的人力资本水平、工作特征和生育政策支持而有所减弱。总体来看，这些结论与国内外部分学者的研究结论一致。当子女年龄较小时，她们倾向于从事兼职工作或在体制外就业，这也比较符合社会的理想与对女性的角色期待，同时不需要培训或特殊的人力资本，更易进入；更有部分女性因抚育子女直接退出劳动力市场。

最后，探讨了生育对女性现职地位获得的影响。模型估计结果显示，有 3 岁及以下子女对女性现职地位获得产生了显著负向影响，同时，这一负向影响会通过女性较高的人力资本水平、工作特征与子女照料支持而有所减弱，也会因生育而中断职业经历以及家务劳动时间的增加而有所增强。从控制变量的情况来看，人力资本因素仍是一个强有力的解释变量，而子女照料支持对于缓解女性的工作－家庭冲突也起到了非常重要的作用。子女数量因素在加入控制变量后结果并未通过显著性检验，需要有待以后的研究进一步证实。但系数值方向的改变也说明，体制内就业的女性一般能在生育后顺利重返工作岗位。也有部分女性之所以会在休完产假后立即重返劳动力市场，家庭经济压力可能是一个重要的考量因素，但自身条件的限制使得她们要获取较高的职业地位困难重重。这一结果与目前国内外学者的研究结论基本一致，子女数量与子女年龄、初始职业、因生育而中断职业经历、家务劳动时间、工作年限、家庭支持等因素均与她们生育后的再就业选择状况密切相关。

进一步分析可以发现，在中国目前的城镇地区，工作－家庭冲突有着不同于西方社会的特点，表面上看起来是时间上的冲突，其背后却是经济需要与家庭责任之间的根本性冲突。此外，对因生育中断就业的女性来说，其顺利重返劳动力市场面临重重困难。职场的性别歧视问题、缺乏有效的返岗培训、传统的性别角色分工观念都是她们目前再就业的障碍性因素。今后，应将社会性别意识纳入生育与就业政策，保护劳动者的生育权与就业权，为女性生育后顺利重返劳动力市场提供良好的制度支持；对在职女性，要建立家庭友好型的社会福利服务体系，缓解家庭的育儿负担。

第五章

重返职场后的职业流动：
生育与职业流动方向

当女性在生育后重返劳动力市场，有没有发生职业地位的改变？这一改变主要受哪些因素的影响？本章重点探讨生育对女性职业地位改变的影响。

第一节　生育女性的职业流动状况和主要特征

职业流动，是指同一代中个体现职地位与初职地位的差异，个体在职业生涯周期内职业地位变化的过程构成了职业流动经历。女性的职业流动常与生育过程紧密相联。

一　工作变动

在工作变动方面，女性更换工作的比例较低。统计数据显示，从开始工作到调查的时间点，除缺失值外，有43.9%的女性从未更换过工作，有27.0%的女性更换过1次工作，有10.7%的女性更换过2次工作；平均更换工作的次数为1.16次。此数据说明女性主动变换职业的比例较低，以及大部分女性在职业发展上有着求稳的心态。女性对工作满意度相对较高的数据（工作环境满意度为 68.6%，工作稳定性满意度为 61.7%，劳动强度满意度为 55.9%）也可从另一侧面说明其更换工作的比例较低。女性希望有一份稳定的工作，但抚育子女的责任与压力会使女性更换工作，数据显示，有 3 岁及以下子女的女性，有 49.4% 曾经更换过工作，有 1 个和 2 个孩子的女性中更换工作的比例均为 56.1%。为兼顾家庭和工作，她们更多地选择灵活就业或兼职工作，或直接退出职场，放弃事业，回归家庭。近年来，因生育而中断就业的女性比例呈上升趋势也是一个很好的证明。从表面来看，中断就业有主动选择，也有部分是被动放弃。而实质上，面对工作－家庭冲突，面对传统性别角色观念的影响，女性很少有能自由选择的权利，因此因生育而中断就业更多的是一种被动的选择。

二 职业流动方向

1. 职业流动方向以水平流动为主

更换工作既可能提高职业的层次，也可能降低职业层次。职业流动方向，主要是根据样本目前（最后）职业的社会经济地位指数与最初职业地位指数的差值计算得出。根据差值的大小，有学者将职业流动方向确定为四类：上升流动（差值＞0）、下降流动（差值＜0）、水平流动（差值＝0 且样本职业流动次数≥1）与未曾流动（职业流动次数＝0）（宋月萍，2007a）。根据目前数据分布的情况，水平流动的样本比例较低（6.2%），而未曾流动的样本比例较高，为保证后面模型估计结果的准确性，将水平流动与未曾流动合并为一类，称为"水平流动"。数据结果显示，从职业流动的方向上看，目前已育女性的职业流动仍以水平流动为主，占 40.5%；其次是向下流动，占 35.2%；向上流动的比例为 24.3%。这由此说明四成的育龄女性倾向于从事一份相对比较稳定的工作，不因生育与抚育责任而发生太大的改变。

从六大职业分类的角度来看，表 5 - 1 的数据显示，育龄女性发生水平流动的比例最高，商业服务业人员水平流动的比例超过 60%，专业技术人员水平流动的比例接近半数，但各类负责人和农业人员的水平流动比例较低。进一步分析发现，除了农业人员外（由于调查样本选择的是城镇地区，所以从事农业生产的人员比例较低），其他 5 类职业均出现了不同程度的职业向下流动现象。其中，由各类负责人向专业技术人员和办事人员流动的比例均超过 1/5，向商业服务业人员流动的比例超过 30%；由专业技术人员向办事人员和商业服务业人员流动的比例均为 20% 左右；由办事人员向商业服务人员流动的比例接近 30%；由商业服务业人员向生产、运输工人流动的比例在 13% 左右。

表 5 - 1　分六大职业的女性职业流动比例

单位：%

目前职业	初始职业					
	各类负责人	专业技术人员	办事人员	商业服务业人员	生产、运输工人	农业人员
各类负责人	15.40	6.50	12.40	3.80	3.10	2.30
专业技术人员	23.10	45.40	14.90	11.50	7.80	2.30
办事人员	23.10	19.90	38.80	9.80	10.10	3.30
商业服务业人员	30.80	23.40	28.10	60.10	50.70	50.80
生产、运输工人	7.70	4.70	5.80	12.80	27.10	25.90
农业人员	0.00	0.00	0.00	1.90	1.20	15.30
合计	100.00	100.00	100.00	100.00	100.00	100.00

2. 因生育而中断职业经历对女性职业流动有着较多限制

从女性因生育而中断职业经历的角度来看，表 5 - 2 的数据显示，在有因生育而中断职业经历的女性中，职业向下流动的占比为 47.8%，比无此经历发生职业向下流动的比例高出 16.3 个百分点；有因生育而中断职业经历的女性的水平流动比例为 23.0%，比无此经历发生职业水平流动的比例低 22.9 个百分点。显然，生育带来的家庭责任对女性

的职业发展产生了一定的限制。因生育暂时中断就业，可能会导致工作
经验的中断、工作技能的贬值等，当女性再重返劳动力市场时，职业选
择会受到一定限制，部分女性难以返回原有工作岗位，难以保持职业的
稳定性，也有部分女性直接退出职场，回归家庭。

表5-2　有/无因生育而中断职业经历女性职业流动的比例

单位：%

流动方向	无因生育而中断职业经历	有因生育而中断职业经历
向下流动	31.5	47.8
水平流动	45.9	23.0
向上流动	22.7	29.5
合计	100.0	100.0
样本量	2833	875

注：$\chi^2 = 147.744$，$Sig = 0.000$。

进一步的交叉分析结果显示，在有3岁及以下子女和有2个孩子的
女性中，因生育而中断职业经历对职业流动的影响更大。一方面，有过
因生育而中断职业经历且有3岁及以下子女的女性，其职业向下流动的
比例为64.9%，高出无此经历发生向下流动的女性33.6个百分点；其职
业水平流动的比例为17.5%，比无此经历发生水平流动的女性低36.5个
百分点。另一方面，有2个孩子且有因生育而中断职业经历的女性，其
职业向下流动的比例为56.6%，比无此经历发生向下流动的女性
（35.0%）高21.6个百分点；其职业水平流动的比例为20.9%，比无此
经历发生水平流动的低21.0个百分点。上述数据结果表明，抚育子女与
因生育而中断职业经历交织在一起对女性职业选择、职业流动产生的影
响较大，重返职场后选择兼职工作或灵活就业方式或体制外就业方式，
都会对其职业发展产生一定的不利影响。

三　职业晋升

数据分析结果显示，女性职业晋升中的"玻璃天花板"效应较为普遍。"玻璃天花板"效应是指女性向高层次职位晋升时面临的客观存在但"看不见的障碍"（刘世敏、刘淼，2015）。这种效应的存在表明性别歧视导致了男女两性在晋升机会方面的不平等，以及女性在职业领域中的相对弱势地位。以女性高层次人才为例加以说明。对于调查问卷中关于"目前我国各级领导岗位上女性的数量相对较少的原因"这一问题，被访样本的回答除了认为女性家务负担重（69.0%）、家人不支持女性当领导外（23.6%），更多的原因是社会对女性职业晋升的偏见，包括社会对女性有偏见（61.0%）、对女性培养选拔不力（62.7%）、女性能力比男性差（11.3%）、女性不适合当领导（6.8%）等。

第二节　生育对女性职业流动方向的影响

过去大量的研究表明，当女性重返劳动力市场后，从职业地位的角度来看，生育子女的数量、就业模式、生育前的职业类型、重返后的职业类型、受教育水平等因素对其流动方向有着重要影响。职业流动方向，反映了女性因生育更换工作、降低自身经济和社会地位的风险，更能准确地揭示生育对职业流动产生的影响。因此，本节重点探讨生育对女性职业流动方向产生的影响。

一　变量的选择与测量

1. 因变量

本章的因变量为女性的职业流动方向，主要用个体目前职业地位指数与最初职业地位指数的差值计算得出。当差值小于 0 时确定为向下流动，赋值为 1；差值等于 0 时确定为未流动，赋值为 2；差值大于 0 时确定为向上流动，赋值为 3。在此需要说明的是，为更准确地反映女性因生育而导致的职业流动方向的改变，职业流动方向变量在测量时综合了调查问卷中的四个问题。第一个问题是"您目前/最后的职业是什么"，测量时将其转化为职业的社会经济地位指数，即现职地位指数。第二个问题是"您的第一份工作是什么职业"，测量时也是将其转化为职业的社会经济地位指数，即初始职业地位指数。第三个问题是"目前您是否从事有收入的工作/劳动"，根据调查对象年龄，将"是"视为就业，将"否"视为未就业。对于之前工作过但目前处于未就业状态的女性，视为发生了职业的向下流动，将其职业地位指数赋值为 0。第四个问题是"工作/务农后，包括单位变动、地域变动和职位变动，您换过几次工作"。如果女性从未更换过工作，则视为未流动。之所以加上第四个问题，是因为在初始职业或现职数据中有较多女性选择了"不适用"这一答案（因为未更换过工作），为避免数据的缺失，所以根据其更换工作的情况将初始职业和现职中的数据补充完整。由于 40% 多的女性从未更换过工作且职业流动次数为 0，样本中初职与现职地位指数差值为 0 且职业流动次数为 1 次的样本较少（仅 230 人），因此将水平流动和未流动女性合并成"水平流动"。另外，分析时将从未工作的女性样本视为缺失值，将其删除。本书结合问卷中的四个问题，将目前女性的职业流动方向分为向下流动、水平流动和向上流动三种情况，将向上流动作为参考类别。

2. 自变量

本章将子女年龄和子女数量作为主要自变量。

子女年龄。为更准确地反映育儿责任对女性职业向下流动的影响，本章将子女年龄限定为 3 岁及以下。将有 3 岁及以下子女赋值为 1，没有赋值为 0。

子女数量。子女数量主要用"您目前有几个孩子"一题来测量，将 2 个孩子赋值为 1，1 个孩子赋值为 0。两个自变量在数据分析时均作为虚拟变量纳入模型。

3. 控制变量

本章的控制变量是在借鉴以往研究的基础上，根据个人特征、家庭特征、生育政策支持等方面加以选取。其中，个人特征主要是受教育年限、党员身份、技术职称、因生育而中断职业经历、更换工作情况、性别角色观念、家务劳动时间等，家庭特征主要是子女照料支持状况、配偶收入、配偶职业地位等，政策因素主要是分娩费用报销与产假天数等。

受教育年限。主要指职前受教育年限，根据问卷中"不包括成人教育，您总共上了几年学"来测量。分析时作为连续变量纳入模型。

党员身份。测量方法与第三章相同。将非党员赋值为 0，党员赋值为 1。数据分析时将其作为虚拟变量纳入模型。

技术职称。测量方法与第三章相同。将问卷中"有国家承认的专业技术职称"的赋值为 1，"没有"则赋值为 0。分析时作为虚拟变量纳入模型。

工作年限。测量方法与第三章相同。该变量是根据问卷中"您是多大年龄开始务工的"这一问题计算而得。在数据分析时将其作为连续变量纳入模型。

更换工作情况。测量方法与第三章相同。将"更换过工作"赋值为 1，将"未更换过工作"赋值为 0。分析时作为虚拟变量纳入模型。

因生育而中断职业经历。将"有过因婚育而中断工作的经历"的赋值为 1，没有此经历的赋值为 0。在数据分析时将其作为虚拟变量纳入模型。

性别角色观念。计算方法与第三章相同，通过问卷中对"男人应该以社会为主，女人应该以家庭为主"、"丈夫的发展比妻子的发展更重要"和"挣钱养家主要是男人的事情"三个问题的态度来测量。数据分析时将其作为连续变量纳入模型。

家务劳动时间。测量方法与第三章相同。基于问卷中"昨天您用于下列活动（家务劳动）的时间"这一问题来测量。数据分析时将其作为连续变量，并取自然对数形式。

子女照料支持。测量方法与第三章相同。以本人照料为参照，将其他照料支持合并为"有照料支持"，处理为虚拟变量。"有照料支持"赋值为 1，"本人照料"赋值为 0。

配偶收入。测量方法与第三章相同。通过上一年度配偶各项收入的总和来具体测量。分析时将其作为连续变量纳入模型，并取自然对数形式。

配偶职业地位。该变量根据问卷中"您配偶的职业状况"来测量。以国家统计局职业大类为基础，把配偶的职业地位定义为一个由低到高的等级序列，分别是农业劳动者、产业工人、商业服务业人员、办事人员、专业技术人员、各类负责人，依次赋分为 1~6 分。分值越高，代表个体的职业地位越高。分析时将其作为连续变量纳入模型。

分娩费用报销。测量方法与第三章相同。将"全部免费/报销"、"定额补贴"和"部分报销"合并为"报销"，赋值为 1，将"全部自费"赋值为 0。数据分析时将其作为虚拟变量纳入模型。

产假天数。测量方法与第三章相同。将问卷中产假天数为"3 个月"的赋值为 1，产假天数为"3 个月以上"的赋值为 0。

所有变量的具体定义如表 5-3 所示，表中包括变量名称、变量类型、变量说明。

表 5 - 3　变量的操作化说明

变量	变量类型	变量说明
因变量		
职业流动方向	多分类变量	1 = "向下流动" 2 = "水平流动" 3 = "向上流动"（参照组）
自变量		
3 岁及以下子女	二分变量	0 = "无"，1 = "有"
子女数量	二分变量	0 = "1 个孩子"，1 = "2 个孩子"
控制变量		
受教育年限	连续变量	职前受教育的年限
初始职业	连续变量	第一份工作的职业地位指数
党员身份	二分变量	0 = "否"，1 = "是"
技术职称	二分变量	0 = "无"，1 = "有"
工作年限	连续变量	从开始工作到现在的时间
更换工作情况	二分变量	0 = "未更换过工作"，1 = "更换过工作"
因生育而中断职业经历	二分变量	0 = "无"，1 = "有"
性别角色观念	连续变量	根据问卷题目相加得不同分值
家务劳动时间	连续变量	用于做饭、清洁、照顾家人和日常采购的时间总和
子女照料支持	二分变量	0 = "本人照料"，1 = "有照料支持"
配偶职业地位	连续变量	按照职业等级赋分
配偶收入	连续变量	上一年度配偶的个人总收入
分娩费用报销	二分变量	0 = "自费"，1 = "报销"
产假天数	二分变量	0 = "3 个月以上"，1 = "3 个月"

二　数据的描述性分析结果

表 5 - 4 报告了所有变量在不同类型的女性中，其职业流动方向的描述统计结果。交叉分析结果显示，职业流动方向在城镇女性生育子女的数量（$\chi^2 = 13.433$，sig. = 0.001）和子女年龄（$\chi^2 = 28.202$，sig. = 0.000）方面均存在显著性差异。具体来说，从子女数量来看，有 2 个孩子的女性的职业向下流动的比例较高，达到 41.2%，比有 1 个孩子的女性职业向下流动的比例（33.9%）高 7.3 个百分点；而从向上流动的情况来看，

有 2 个孩子的女性职业向上流动的比例为 22.9%，比有 1 个孩子的女性
向上流动的比例（24.6%）低 1.7 个百分点。从子女年龄来看，有 0~3
岁子女的女性职业向下流动的比例为 42.4%，比有 3 岁以上子女的女性
职业向上流动的比例（34.0%）高 8.4 个百分点；有 0~3 岁子女的女性
的职业水平流动的比例为 42.0%，比有 3 岁以上子女的女性水平流动的
比例高 1.7 个百分点；而从向上流动来看，有 0~3 岁子女的女性职业向
上流动的比例为 15.6%，比有 3 岁以上子女的女性的职业向上流动的比
例低 10.2 个百分比。控制变量在生育子女的数量和子女年龄方面的差异
详见表 5-4。

表 5-4 变量的描述性统计

变量	1 个孩子	2 个孩子	0~3 岁	3 岁以上
	有效百分比	有效百分比	有效百分比	有效百分比
向下流动	33.9	41.2	42.4	34.0
水平流动	41.5	35.9	42.0	40.3
向上流动	24.6	22.9	15.6	25.8
党员身份	16.3	7.1	10.2	15.3
有技术职称	24.6	7.9	23.5	21.2
更换过工作	56.1	56.1	49.4	57.2
有因生育而中断职业经历	21.1	25.3	30.3	20.6
有子女照料支持	53.5	29.3	47.0	49.1
有分娩费用报销	42.7	15.1	41.8	36.6
产假天数	28.9	13.8	12.3	28.2
变量	平均值	平均值	平均值	平均值
受教育年限	10.6	8.1	11.0	9.9
工作年限	18.2	21.3	9.4	20.3
性别角色观念	7.6	6.8	7.4	7.4
家务劳动时间（对数）	4.6	4.9	4.7	4.6
配偶职业地位	3.2	2.8	3.2	3.1
配偶收入（对数）	9.6	9.5	9.8	9.6

三 模型估计结果及解释

从以上描述性分析可知，城镇女性的职业流动方向在生育子女的数量和子女年龄方面均存在显著性差异，在此基础上进一步分析生育与女性职业流动方向之间的关系。依据本章的研究目标，考虑到因变量是一个多分类变量，因此以向上流动作为参照水平，运用无序多分类 Logistic 回归模型，来探讨生育对女性职业流动方向的影响，以期发现在控制其他变量的条件下自变量对因变量的影响，模型设定如表 5 - 5 所示。模型的卡方值为 2029.034（Sig.=0.000），说明模型具有统计学上的研究意义。模型拟合优度结果显示，模型的卡方值为 6531.530（Sig.=0.225），说明模型拟合优度通过检验，拟合程度良好。

表 5 - 5　生育与女性职业流动的无序多分类 Logistic 回归模型

变量	模型 1			模型 2		
	向下流动/向上流动			水平流动/向上流动		
	B	SE	Exp（B）	B	SE	Exp（B）
生育状况						
3 岁及以下子女（参照组：无）	0.684 ***	0.185	1.982	- 0.156	0.212	0.856
子女数量（参照组：1 个孩子）	0.053	0.140	1.055	0.462 **	0.173	1.587
控制变量						
受教育年限	0.037 +	0.022	1.038	0.043	0.026	1.044
党员身份（参照组：非党员）	- 0.352 *	0.154	0.703	0.211	0.166	1.253
技术职称（参照组：无）	- 0.024	0.145	0.976	0.778 ***	0.156	2.177
工作年限	0.008	0.009	1.008	- 0.050 ***	0.011	0.952
更换工作情况（参照组：未更换过工作）	- 3.377 ***	0.312	0.034	- 5.576 ***	0.314	0.004
因生育而中断职业经历（参照组：无）	0.256 *	0.118	1.292	- 0.359 *	0.150	0.699
性别角色观念	- 0.045 +	0.025	0.956	- 0.015	0.029	0.985
家务劳动时间（取对数）	0.349 ***	0.047	1.417	- 0.107 *	0.042	0.895

变量	模型 1			模型 2		
	向下流动/向上流动			水平流动/向上流动		
	B	SE	Exp（B）	B	SE	Exp（B）
子女照料支持 （参照组：本人照料）	− 0.105	0.109	0.900	0.523 ***	0.132	1.687
配偶收入（取对数）	− 0.061 *	0.030	0.940	0.029	0.038	1.029
配偶职业地位	0.022	0.038	1.022	− 0.034	0.046	0.966
分娩费用报销（参照组：自费）	− 0.073	0.118	0.929	0.043	0.138	1.044
产假天数（参照组：3 个月以上）	0.042	0.120	1.043	− 0.078	0.140	0.925
常量	1.995 **	0.605		4.932 ***	0.667	
− 2 对数似然值	4966.910					
Nagelkerke R^2	0.526					
样本量	3239					

$^+ p < 0.1$，$^* p < 0.05$，$^{**} p < 0.01$，$^{***} p < 0.001$。

如表 5 - 5 所示，由模型 1 可知，子女年龄对女性职业向下流动具有显著正向影响，在 0.001 的显著性水平上显著。这说明相对于职业向上流动而言，有 3 岁及以下子女的女性的职业向下流动的发生率高于没有 3 岁及以下子女的女性，且优势比（OR）大于 1，为 1.982，说明有 3 岁及以下子女的女性发生职业向下流动的概率显著提高，由此说明抚育年幼子女对其职业选择、原有职业地位的获得都产生了一定的抑制作用。这一点从第四章的结论同样可以得到证实，生育女性在重返劳动力市场后选择体制外就业或未就业的概率增加，这无疑会提高职业向下流动的发生风险。由模型 2 可知，子女数量对女性职业水平流动具有正向影响，在 0.01 的显著性水平上显著，即相对于向上流动而言，有 2 个孩子的女性的职业水平流动的发生率高于有 1 个孩子的女性，且优势比（OR）大于 1，为 1.587。由此可见，子女数量的增加可能会带来照料与经济的双重压力，这些压力会促使女性继续留在原有熟悉的工作岗位上，赚取收入以贴补家用，尽力减轻一部分家庭经济负担。但是，子女年龄对女性职业水平流动的影响，以及子女数量对女性职业向下流动的影响均不显著。这一方面与育龄女性工作中求稳的心态、更换工作比例较低有较大关系，另一方面与育龄女性目前的就业状态有关。调查数据显示，尽管很多女性在生育后选择了有利于平衡家庭－工作冲突但可能会提高职业向下流动发生风险的灵活就业或兼职工作方式，但她们的在业率依然较高，目前有3岁及以下子女和有2个孩子的女性的在业率分别为62.4%和61.7%，也就是说，大部分女性因各种原因并未退出劳动力市场，尽管体制外就业比例较高。

相对于向上职业流动来说，有3岁及以下子女增加了女性向下职业流动的风险，这一影响会随因生育而中断就业经历、家务劳动时间的增加以及受教育年限增加而有所增强。同时，这一影响也会因为女性的党员身份、更换工作情况、配偶收入、性别角色观念而有所减弱。第一，从家务劳动时间来看，统计结果显示，家务劳动时间对女性向下职业流动具有显著正向影响，模型1中的系数在0.001的显著性水平上显著，优势比大于1，为1.417。这说明随着家务劳动时间的延长，女性向下职业流动的发生率也会随之大大增加。由此可见，家务劳动对女性职业流动产生了较为不利的影响，家务劳动时间增多会给女性的职业发展带来较多限制。当女性将更多的时间和精力投入在家庭上，在时间资源有限的情况下，投入在工作上的时间就会减少，这在一定程度上会增加其职业向下流动发生的风险。这比较符合社会的现实情形，在我国城镇地区，由生育带来的工作－家庭冲突使得部分女性可能会选择有利于其兼顾工作－家庭平衡的兼职工作或灵活就业方式，甚至放弃职业发展而退出劳动力市场，由此带来职业的向下流动。第二，因生育而中断职业经历显著增加了女性职业向下流动的风险。结果显示，因生育而中断职业经历对女性向下职业流动具有正向影响，模型1中的系数在0.05的显著性水平上显著，而且优势比大于1。这说明与没有因生育而中断职业经历的女性相比，有因生育而中断职业经历的女性，其发生向下职业流动的风险显著增加。有 0～3 岁子女的女性，因生育而中断职业的比例达 30.3%，这一比例高于有 3 岁以上子女的女性（20.6%），因生育退出劳动力市场，会带来工作经验积累的中断、人力资本的贬值、各种职业关系网络的断裂，因生育而中断职业时间越长，重返职场后返回生育前职业的可能性越小，也就越可能经历向下的职业流动。这在一定程度上验证了工作投入假定、补偿性差异理论和人力资本贬值理论。第三，受教育年限对女性职业向下流动具有正向影响，但仅在 0.1 的显著性水平上显著。这一结果似乎与传统人力资本理论不相符合，但可用相关数据加以分析。调查数据显示，在所有女性群体中，学历为高中/中专/中技和大专以上的女性的职业向下流动的比例分别为 37.4% 和 20.7%，而在有 0～3 岁子女的女性群体中，学历为高中/中专/中技和大专及以上的职业向下流动的比例为 52.4% 和 23.0%。由此说明，在当今社会越来越重视子女成长教育的环境下，很多高学历女性同样在生育后选择了比初始工作职业地位低的工种，甚至退出劳动力市场，全身心抚育子女。第四，子女年龄对女性职业向下流动的影响会因更换工作经历、党员身份、配偶收入状况、性别角色观念而有所减弱。对这一结果的解释是，工作的变动可能对女性工作经验的积累比较有利，对现职地位的获得也会产生重要影响。党员身份在我国具有比较特殊的影响，它是个人获得较高职业地位的一项重要资本，这在一定程度上有可能降低女性发生职业向下流动的概率。配偶收入越高，越可以为女性提供较好的经济支持，女性在重返职场时就越不会做出"被迫"的职业选择。性别角色观念对女性生育后的职业选择会产生一定的助推作用，性别角色分工观念越现代，越倾向于继续留在劳动力市场上，这在一定程度上也会降低其职业向下流动发生的风险。

相对于向上职业流动来说，有 2 个孩子的女性增加了其职业水平流动的概率，这一影响会因技术职称和子女照料支持而有所增强。同时，这一影响也会因为其工作年限、更换工作情况、因生育而中断职业经历、家务劳动时间而产生一定的抑制作用。第一，从技术职称来看，统计结果显示，有技术职称对女性职业水平流动具有显著正向影响，模型 2 中的系数在 0.001 的显著性水平上显著，优势比大于 1，为 2.177。此结果说明，专业技术职称具有较强的个人专属性，拥有技术职称意味着女性的专业技能较强，生育后能及时重返职场，并能保持原有工作岗位的稳定性。第二，子女照料支持对女性职业水平流动也具有显著正向影响，模型 2 中的系数在 0.001 的显著性水平上显著，优势比大于 1，为 1.687。由此说明，对有两个子女的女性来说，获得来自其家庭成员（特别是父母或配偶的父母）或社会化育儿支持，对于减轻抚育子女压力、继续从事原有工作提供了强有力支撑。第三，子女数量对女性职业水平流动的影响也会因为其更换工作情况、工作年限、因生育而中断职业经历、家务劳动时间而产生抑制作用，即降低女性职业水平流动发生的概率。从控制变量的数据分析结果来看，更换工作情况、工作年限、因生育而中断职业经历、家务劳动时间对女性职业水平流动均具有负向影响，模型中的系数分别在 0.001、0.001、0.05、0.05 的显著性水平上显著。对此结果的解释是，数据显示，有 2 个孩子的女性的受教育年限较短，平均为 8.1 年，即初中文化程度；女性年龄也较大，平均为 40 岁；从事的行业以商业服务业为主（40.1%）；有 56.1% 的女性更换过工作，说明职业的稳定性一般。所以，对她们来说，工作年限虽然较长但职业的稳定性一般，一旦生育二孩，抚育子女所带来的照料与时间压力、家务劳动时间的增多等对女性职业发展的影响都会比较大。在此过程中，如果有因生育而中断职业经历，用于抚育子女的时间相对较多，则越不利于其保持职业的稳定性。

四 稳健性检验

为了检验上述发现的稳健性，本书采用替换变量法和对变量重新编码的方法，来重新检验上述自变量对因变量的影响。具体来说，是将自变量中的是否有 3 岁及以下子女替换成是否有 6 岁及以下子女，而将子女数量由二分类变量改为连续变量进行处理，然后将这两个变量作为替代指标重新放入模型中进行稳健性检验。稳健性检验模型卡方值为 2012.147（Sig.=0.000），拟合优度检验的卡方值为 6560.493（Sig.=0.157），说明模型具有统计学上的研究意义，拟合程度良好。表 5 – 6 报告了生育替代变量对女性职业流动方向的影响。结果显示，通过分析检验模型的 p 值、– 2 对数似然值、Nagelkerke R^2 等相关参数可知，这些结果与表 5 – 5 中的结论基本一致，说明研究结果具有较强的稳健性。其中，模型 1 结果显示，在控制其他变量的情况下，相对于向上流动而言，即使将子女的年龄扩大至 6 岁及以下，子女年龄对女性职业发生向下流动仍然具有显著正向影响。模型 2 结果也显示，在控制了其他因素后，有 2 个孩子的女性的职业水平流动的概率显著增加。

表 5 – 6　生育与女性职业流动的无序多分类 Logistic 回归模型（稳健性检验）

| 变量 | 模型 1 | | | 模型 2 | | |
| | 向下流动/向上流动 | | | 水平流动/向上流动 | | |
	B	SE	Exp（B）	B	SE	Exp（B）
生育状况						
6 岁及以下子女（参照组：无）	0.379 *	0.155	1.461	– 0.145	0.182	0.865
子女数量	0.055	0.142	1.056	0.454 **	0.174	1.575
控制变量						
受教育年限	0.035	0.022	1.036	0.043	0.026	1.044
党员身份（参照组：非党员）	– 0.349 *	0.154	0.705	0.209	0.166	1.232
技术职称（参照组：无）	– 0.028	0.145	0.972	0.772 ***	0.156	2.165
工作年限	0.005	0.010	1.005	– 0.049 ***	0.012	0.952

续表

变量	模型 1			模型 2		
	向下流动/向上流动			水平流动/向上流动		
	B	SE	Exp（B）	B	SE	Exp（B）
更换工作 （参照组：未更换过工作）	− 3.395 ***	0.312	0.034	− 5.570 ***	0.314	0.004
因生育而中断职业经历 （参照组：无）	0.245 *	0.118	1.278	− 0.354 ***	0.151	0.702
性别角色观念	− 0.046 +	0.025	0.955	− 0.014	0.029	0.986
家务劳动时间（取对数）	0.353 ***	0.047	1.424	− 0.108 *	0.042	0.897
子女照料支持 （参照组：本人照料）	− 0.101	0.109	0.904	0.533 ***	0.132	1.703
配偶收入（取对数）	− 0.065 *	0.030	0.937	0.026	0.038	1.026
配偶职业地位	0.022	0.038	1.023	− 0.036	0.046	0.965
分娩费用报销（参照组：自费）	− 0.032	0.117	0.968	0.041	0.137	1.042
产假天数（参照组：3 个月以上）	0.041	0.120	1.042	− 0.071	0.139	0.931
常量	2.039 **	0.631		4.502 ***	0.700	
− 2 对数似然值	4983.797					
Nagelkerke R^2	0.523					
样本量	3239					

+ $p < 0.1$，* $p < 0.05$，** $p < 0.01$，*** $p < 0.001$。

五　总结与讨论

上述模型估计结果显示，相对于向上职业流动来说，有 3 岁及以下子女增加了女性职业向下流动的风险，这一影响会因生育中断职业经历、家务劳动时间的增加以及受教育年限情况而有所增强，也会因为党员身份、更换工作情况、配偶收入、性别角色观念而有所减弱。同时，有 2 个孩子增加了女性职业水平流动的概率，这一影响会因技术职称和子女照料支持而有所增强，也会因为工作年限、更换工作情况、因生育而中断职业经历、家务劳动时间而产生一定的抑制作用。总体来看，这些结论与国内外一些学者的研究结论一致，如间断性就业模式常被认为会导致向下的职业流动，家务劳动时间的延长将增大女性经历向下流动的风险；子女照料支持对于女性重返原有工作岗位、保持职业的稳定性与连续性具有重要意义等。

通过对女性职业流动方向问题的探讨，我们可以看到，因生育带来的家庭责任对女性职业流动产生了较为重要的影响。因此，今后需要更加关注与生育相关的因素对职业流动的影响，降低女性向下职业流动的风险，保持女性就业的稳定性与连续性。对因生育带来的家庭照顾责任压力，家庭中的隔代照料起到了巨大的缓解作用，提高了女性劳动力市场的参与程度，对女性的职业发展发挥了促进效应。目前，隔代照料倾向于一种单向的无偿付出，更多地被赋予了家庭利他主义的色彩，随着全面"二孩"政策的实施，祖父母的身体状况和文化程度是对未来照顾行为最为关键的制约因素（李芬、风笑天，2016a）。尤其是在现代精细化育儿观念的影响下，父母对子女教育提出了更高的需求，代际的文化、语言、观念冲突会不断产生。因此，未来仍需要政府承担一部分育儿责任，减轻家庭负担，缓解工作－家庭冲突，促进女性的职业发展。

小　结

本章主要探讨了生育对女性职业流动方向的影响。首先对目前生育女性的职业流动状况和主要特征进行了描述性分析。第一，女性更换工作的比例较低。有43.9%的女性从未更换过工作，平均更换工作的次数为1.16次，说明大部分女性在职业发展上有着求稳的心态。第二，职业流动方向以水平流动为主。更换工作既可能提高职业的层次，也可能降低职业的层次。总体来看，目前已育女性的职业流动仍以水平流动

为主（占 40.5%），其次是向下流动（占 35.2%），向上流动的比例为
24.3%。第三，职业中断经历对女性职业流动有着较大影响。在有因生
育而中断职业经历的女性中，职业向下流动占比为 47.8%，比无此经
历的高出 16.3 个百分点；有因生育而中断职业经历的女性水平流动的
比例为 23.0%，比无此经历的低 22.9 个百分点。第四，女性职业晋升
中的"玻璃天花板"效应较为普遍。这种效应的存在表明性别歧视导
致了男女两性在晋升机会方面的不平等，以及女性在职业领域中的相对
弱势地位。

在此基础上，本章进一步探讨了生育对女性向下职业流动的影
响。模型估计结果显示，相对于向上职业流动来说，子女年龄对女性
职业向下流动具有显著影响，即有 3 岁及以下子女增加了女性职业向
下流动的风险，这一影响会因家务劳动时间、因生育而中断职业经历
以及受教育年限而有所增强，也会因女性的党员身份、更换工作情
况、配偶收入、性别角色观念等而有所减弱。同时，子女年龄对女性
职业水平流动具有显著影响，即有 2 个孩子增加了女性职业水平流动
的概率，这一影响会因技术职称拥有情况和子女照料支持而有所增
强，也会因工作年限、更换工作情况、因生育而中断职业经历、家务
劳动时间等而产生一定的抑制作用。总体来看，这些结论与国内外一
些学者的研究结论是一致的。因生育而中断职业造成的"空窗期"会
影响女性重返职场后的职业选择，选择兼职工作或灵活就业往往会经
历向下的职业流动，家务劳动时间增加将增大女性经历向下流动的风
险。子女照料支持为减轻女性的抚育子女压力、继续从事原有工作提
供了强有力支撑。但是，子女年龄对女性职业水平流动的影响，以及
子女数量对女性职业向下流动的影响均不显著。这一方面与育龄女性
工作中求稳的心态有着较大关系，另一方面也与育龄女性目前的就业
状态有关，尤其当女性工资不高时，一般不会离开劳动力市场，她们

的在业率依然较高，可能会选择灵活就业或兼职工作方式。今后需要更加关注与生育相关的因素对职业流动的影响，减少女性向下职业流动的风险，保持她们就业的稳定性与连续性。同时，对于向下职业流动可能带来的收入减少、社会地位的降低、加剧性别不平等和社会不平等程度等问题，也必须予以充分关注。

第六章

生育女性的职业流动：心路历程与现实困境

　　生育与抚育子女，是女性生命历程中的重大事件，事件本身的特性会影响一个人的因应选择。一直以来，女性都是育儿责任的主要承担者，育儿责任与工作之间的冲突也成为长期以来困扰女性劳动参与的突出问题。面对育儿与就业难题，不同的女性是否会做出不同的选择？她们又会经历怎样的心路历程、面临怎样的现实困境？本章主要通过对定性资料的分析，探讨生育女性职业流动的心路历程与面临的现实困境问题。

第一节　心路历程

　　相关研究表明，生育状况（尤其是子女还处于学龄前阶段）对女性劳动参与具有显著的抑制作用。在小孩还没上学之前，从母亲的工作安排可以发现，全职工作的比例不到一半，有37.2%的母亲选择待在家里照顾小孩；从家庭分工来看，夫妻双方都全职工作的比例仅为43.9%；即使小孩都上学以后，部分女性重返劳动力市场，女性劳动参与和全职就业比例有所上升，但依然有17.6%的女性选择继续留在家里（卿石松，2017）。基于此，根据调查过程中生育女性目前的就业状态，本书将她们分为全职妈妈、兼职工作母亲和全职工作母亲三种类型。

以下将从过程的角度来探讨不同就业状态的女性面对育儿与就业所做出的应对选择、心态转变以及对未来的期盼。

一 全职妈妈：职业中断的无奈与不舍

在调查中，通过对 8 位全职妈妈的深度访谈发现，同为全职妈妈，由于年龄、中断前的工作、生育状况、家庭状况等方面的不同，她们在应对方式、压力、心态等方面都呈现较大的差异性。

8 位全职妈妈，1 人为 90 后，2 人为 70 后，其余 5 人为 80 后。从其生育情况来看：第一，从子女数量来看，一孩家庭 4 人，二孩家庭 4 人（1 人正在孕育二孩）；第二，从子女年龄来看，大多在 12 岁以下，以学龄前儿童为主，有 5 位妈妈有 3 岁及以下婴幼儿。

1. 职业中断前的工作特征

在放弃事业、回归家庭之前，全职妈妈都拥有一份工作或一份事业。通过调查发现，全职妈妈职业中断前的工作大多属于体制外就业，以灵活就业为主，保障较为缺乏，稳定性差。从职业流动的角度来看，职业经历比较丰富，很少一直固定在一个岗位上，大多都更换过工作。全职妈妈谢女士这样讲述她的就业经历。

（谢女士，38 岁，育有两个女儿，大女儿 5 岁，小女儿 1 岁 3 个月。本科学历，专业为英语。）第一份工作是编审，做教辅图书那块，自己找的，专业比较对口。做了有 5 年多，那个工作挺累，老加班，图书季得抢占市场，公司也要求加班。后来结婚了，想调理一下身体准备要孩子，就离职了。后来去了婆婆工作的单位，她（婆婆）介绍的，一个合资企业，干办公室那块，比较轻松，不过这个工作和自己专业就没啥关系了，那时候就是彻底放弃那个什么了。后来生了老大，休完产假，上下班得靠点，所以就办了停薪留职，自己干了点生意，开了个饭店，租的门面，找人干的，不过自己也得盯着，每天晚上都靠到很晚，回家都得十一二点。但比较自由些，老人帮着带孩子。后来生了老二以后，干了有几个月吧，孩子吃母乳，要照顾孩子来回跑，就觉着忙活不过来了，再一个，老人年龄也大了，所以就把饭店关了，一直到现在。

由此可以看出，谢女士的每一次职业变动都和结婚、生育有着千丝万缕的联系。同时，非常重要的一点就是，每一次的职业选择都是"被动的选择"。谢女士谈道：

其实我觉得从结婚开始一直就都是被动的，要不就是为了生活，要不就是为了家庭，基本就是干不了你自己想干的那个事情，全都是围绕家庭、孩子来，从结婚以后轨迹就开始乱套了，就开始围着家庭转了。

另一位21岁的全职妈妈叶女士（育有1女，9个半月）谈到其就业经历时说：

我中专毕业，学会计的，不是咱当地人，家是南方的。我和老公是在南方认识的。他是独生子，咱当地人。（我）之前在南方那边做小文员，然后和老公过来这里后，又做了几个月的那个卖净水器的活，就是销售，做的还行。后来，不想有就有了（怀孕），那怎么办？老公说："有了就生吧。"（我）就没再继续做（销售）。孩子现在9个半月了，都是我带。奶奶现在也是在工作，也没带小孩的经验，就是偶尔过来看一下。她（孩子）现在一会儿都离不开人。工作啥的现在也不能想了，等她大点再说吧。

确实，谢女士、叶女士的职业经历代表了很多城镇女性职业发展的现实状况。和男性相比，女性往往有着非线性的职业发展轨迹，其职业流动更容易受到婚育因素的影响，职业发展规划一定是首先考虑家庭，甚至"屈从"于家庭的安排。

当家务变得过于繁重，多数情况下，放弃工作的都是女性而非男性。马克思主义女性主义者认为，只要女性的工资比男性的低，只要女性被认为比男性更有能力照顾老幼病残，那么从公众领域退回私人领域的永远都是女性（童，2002：161）。也就是说，当女性和家庭联系在一起时，女性往往由于对"家庭的贡献"而使家庭地位得到稳固和上升，家庭地位高，她们就必须对家庭的福祉负责，女性可能就会因此放弃自己的职业发展（郑丹丹，2011：79）。

2. 中断职业：无可奈何

全职妈妈因生育或照料子女暂时退出劳动力市场，既有主动的选择，也有被动的放弃，但背后更多的是一种无可奈何。生育保障不足与照料支持不足是女性职业中断的关键因素。

（1）抚育两个子女的压力

在对全职妈妈的访谈中发现，生育和抚育二孩，因需要投入更多的时间和精力，照料压力增加，工作－家庭冲突加剧，在纠结与挣扎中，女性被迫中断工作。

（袁女士，33 岁，初中文化程度，育有两个孩子，女儿 10 岁，儿子 1 岁 5 个月。）本来不想要二胎，因为老大有点残疾，自闭症，没办法就要了二胎。当时国家还没有放开二胎，符合政策可以要，但单位上不允许，那个时候领准生证有个条件特别讨厌，就是如果你有了五年的养老保险就不让你要二胎，结果就被迫到单位直接辞职了。老大在特教学校上学，康复的还可以，就是稍微智力上跟不大上，动脑筋的时候慢一点，平常要辅导她学习。大的这样，小的又闹腾，男孩爱找事，愣累得慌。想着去工作，精力达不到了呀，没有人看，白天黑夜就我自己带孩子，他（爱人）上班，有时候加班加到（晚上）12点才回来，根本指望不上。

像袁女士这样有两个孩子的家庭不在少数。孩子大多是一个处于学龄期，一个是3岁及以下的婴幼儿。作为妈妈，既要辅导功课，又要照顾生活起居，确实非常辛苦，无暇顾及自身的事业发展。

（2）子女年龄较小，家庭无法提供照料支持

当子女年龄较小，特别是有3岁及以下的婴幼儿需要照顾，而家庭成员、托幼机构也由于各种原因无法提供更多的支持与帮助时，女性只能忍痛割爱，将生活重心转移到家庭。

（陈女士，33岁，育一男孩，2岁半。外地人，丈夫是单亲家庭。）之前和丈夫一起做生意，卖小百货。婆婆60多岁，在社区看车棚，工作时间较长，早上7点到晚上11点。家里只有4口人，必须有一个人出来看孩子。孩子又小，我又是比较顾孩子的那种，所以也没干什么，就在家看孩子。孩子是剖腹（宫）产（生的），体质挺弱，刚因为肺炎住院一周，昨天才出院。去年（2015）快过年的时候也是，孩子住院，婆婆、老公打吊瓶。我一个人说实话周转他们三个，真是周转不过来。你想想，我万一要是上班，孩子有个病，真是倒不过来。雇个保姆，不便宜，挣点钱全给保姆了，最主要的（是）也不放心交给外人看呀。想来想去，还是自己带吧。

像陈女士这种家庭，在我国目前的城镇家庭中，也是一种比较典型的类型。由于各种原因缺少相应的照料支持，而在自身家庭状况又难以负担较高的社会化照料服务成本的情况下，大多数女性会选择放弃目前的工作，回归家庭照顾年幼子女。

（3）陪伴孩子成长，放弃事业

在调查中发现，在一些独生子女家庭，父母对子女有着较高的期望值，期望他们能身心健康地成长。这时母亲往往被认为要担当此责任。因此，她们就会放弃工作，专心陪伴子女成长、成才。

王女士，29岁，育有一男孩，2岁多。之前在社区工作，休完产假后继续工作了一段时间，由老人帮忙照料孩子，至于后来离职的原因，她谈道：

> 孩子小，疼孩子嘛，觉得还是妈妈带比较好。当时自己就想，可能我一辈子就生这么一个孩子了，我陪他一（年）到三年，觉得对我来说，可能也是挺宝贵的时间。但是对孩子来说，我觉得可能他会得到的更多。再一个就是说，特别切身的体会。我在上班的时候，那时孩子还特别小，大概七八个月了，他那时候已经认识妈妈了。我回家的时候，当时住的也远，回家的时候，他就看到我，（但）比较喜欢他奶奶，其实他也不知道那是奶奶，但是，要喜欢奶奶一些。我当时可能也有这个考虑，我自私嘛，我生的孩子怎么能跟奶奶亲呢，可能担心这个。当时就觉得，父母跟孩子，尤其是母亲，是一种天性。其实作为一个母亲，给（为）孩子牺牲一点，那也不是说不重要，我觉得也理所应当。

确实，现代流行的精细化育儿观念，也正在悄悄改变部分女性的职业理想和职业期待。为了不让孩子输在起跑线上，她们心甘情愿将所有的时间、精力、金钱全部投入到孩子身上，以孩子的"成绩"作为她们职业成就感的替代。

（4）职业发展受挫，工作单位提供的生育支持较少

在现实社会中，很多接受高等教育的"80后"知识女性，大都希望能够在职场上实现自身的价值，但残酷的现实常常让她们的职业发展压力巨大，职业能力提升困难重重，很难一帆风顺，职业发展的"玻璃天花板"效应普遍存在。在工作上没有获得成就感反而遭受挫败感的状况下，面对家庭与工作选择难题，女性只能无奈地选择前者。以下是方女士的经历。

[方女士，31 岁，育有一子，2 岁。本科学历，辞职前在一私营公司（主营机票和旅游销售）做财务工作。] 公司想做电商，我原来做过淘宝，然后我说"我给你们弄吧"。领导说，"你只要把这个项目做起来，你就是主管"。我说"行"。那我可以奔一下，奔完了，那个项目起来了。完事我结婚度蜜月，等我回来部门直接就（把主管）给别人了。然后接着公司就问我，什么时候要孩子。因为你结了婚肯定就是要孩子，一怀孕一折腾，完了还有什么产假，一下一年半没了。这时候我就明白怎么回事了，私营公司就是把利益看得比较重。我本来为了事业想多奔两年做到主管再生孩子，现在好了，没什么奔头，又回到原点了。算了，要孩子吧。怀孕以后吐得很厉害，公司说实话有点不太人性，比如说孕吐弄的厕所比较脏，公司就觉得影响工作了。然后上班时吃东西，主管也不愿意。后来请病假，但公司规定病假不能超过一个月。最后怀孕 6 个月时候（我）就离职了。离职之后就自己交保险，生育津贴只给发了 3 个月。休完产假公司叫我回去，我没回，第一是他们失言在先，这一点我是很生气；第二就是没人照顾孩子。

总体来看，对全职妈妈家庭，大多有 3 岁及以下的婴幼儿需要照料，或有两个孩子的照料压力。从表面来看，部分女性是主动放弃工作，但事实上，不管是主动还是被动放弃，背后都有着难以言说的辛酸与不舍，更多的是一种无可奈何。

3. 回归家庭：累并快乐着

（1）育儿的经济压力大

从对全职妈妈的访谈中发现，一人全职在家抚育孩子，仅靠另一个人的收入，如果没有家庭成员的资助，生活压力非常大。袁女士这样谈道：

> 养两个孩子，我现在又不上班，经济压力真挺大！你知道稍微有点残疾的孩子，那从小就是用钱砸起来的。老大一岁多就有点抽风，慢慢大了就有点自闭症，需做康复。有一次在医院住了两个星期，花了近一万块。这些年俺两口子的钱从来没有存下过，全是砸在孩子身上。小的1岁多，纸尿裤、奶粉、合生元，还有其他的一些，一个月得两千（元）吧。合生元200（元），奶粉200（元）。还有纸尿裤，这东西太贵了，200块钱（的）才用两个星期。要是孩子一生病，钱就花的更多了。明后年小的就该上幼儿园了，又得不少钱，上公立的还好些，如果上私立的，一个月就一千五六（百元）这都是少的，再加上饭钱，差不多又是一个月2000（元）。双方老人吧，没经济条件帮我们，真挺难的。

由此看来，目前高昂的育儿成本让很多家庭承受着巨大的经济压力。

（2）疲惫感增强，身体健康水平下降

一方面是经济压力，另一方面是照料压力，尤其是对二孩家庭。关于这一点，谢女士谈道：

> 我家俩孩子，大的上幼儿园，好多了，不过得按点接送。现在一天在家照顾小的，真是很疲惫。你像小孩子，她从早晨睡醒一天不带停的，中午睡一觉，她休息了你就要给她收拾东西，洗衣服、做饭什么的。干完了，你想歇歇（时）她醒了，然后你再忙活她，一直得等她晚上睡了才能歇会，时间真的很少。身体也觉着累，经常腰疼、腿疼，身上乏力，没劲。

确实，现代社会精细化的育儿观念，让很多女性总是感觉非常累，身体经常处于亚健康状态，闲暇时间极少，孩子成为绝对的生活重心。

（3）失落与不平衡感

全职妈妈待在家里的较多，生活重心就是家庭，与外界接触较少，她们有时候会感觉与社会脱节，会产生失落感或心理不平衡感。在访谈中，她们几乎都说过同样的话，"如果只是伺候孩子、洗衣服、做饭，时间短了可以，时间长了就觉得好压抑"。钟女士（36 岁，育有两个女儿）这样说出了自己的心理感受：

> 像他们上班的，聊天时就会聊一些比较悠闲的话题，比较接近社会现象那个什么。你在家看孩子吧，新闻那些大事就关心不大上，和人聊，也就是（聊）怎么带孩子，然后吃喝拉撒那些事了。在家你待上一个星期出去你就觉得，你张口说话，我感觉是就好像有很大的不同。就不光说带孩子，你在家一个星期不出去之后都觉得有点什么，何况你要在家一待就是半年什么的。你慢慢出去，有时你不说你在家带孩子，你和人家聊一会儿，人家都能猜出来你在家带孩子。

袁女士认为，她回归家庭后最大的感受是心情有时变得很压抑，压力特大，特累。她谈道：

> 我这三四年没有上班了，天天窝在家里围着孩子转，有的时候觉得（自己）都不正常了，觉得真没有什么混头了，太累了。孩子不长病怎么都好说，一长病家人就说你怎么看孩子的？其实咱愿意吗？有的时候烦了就发点脾气，说两句。

（4）自我慰藉，找寻快乐

在访谈中，能感觉到的一点是，大多数全职妈妈能以比较平和的心态看待自己目前的状态，学会自我调节与安慰，寻找生活的乐趣。比如，李女士，38 岁，女儿 7 岁，上小学二年级，她正孕育二胎，和爱人都是外地人，自己带大女儿。以前做证券类工作，现停薪留职，在家待产。她谈道：

> 养孩子，一般有老人帮忙好一些，没有老人帮忙，两口子必须有一方做出牺牲。我现在想着，也挺矛盾的，上班那么长时间，现在沦为全职妈妈，我也觉得挺委屈的，但是没有办法，一步一步走吧，现在看很多书、听讲座，还是觉着孩子还是父母带比较好。我觉得当全职妈妈，为孩子付出的时候，累的同时也在享受，也是一种幸福，跟孩子一起成长，每天看孩子一点一点进步，孩子也有安全感，挺好的。

在家庭与工作之间，既然比较理性地选择了前者，大多数女性还是能学会自我调节，实现不同角色的转换和扮演，陪伴子女健康成长，履行好家长责任。

4. 重返职场：期待与焦虑并存

全职妈妈因育儿无奈退出职场，回归家庭，但对她们来说，这只是暂时的职业中断，等待合适的时机，她们一般要重返职场，只是会有许多的顾虑和担心。

（1）重返职场时机

全职妈妈准备何时重返劳动力市场？对有 3 岁及以下婴幼儿的女性来说，她们大多希望在孩子"入园"以后再工作，这可能和我国 3 岁以下的托幼服务比较缺乏有很大关系。钟女士谈道：

> 家里虽不指望我挣钱，但是有机会还得工作，你最起码得有自己的价值才行，也不能老在家里，不过现在孩子太小了，上幼儿园以后就可以了。

（2）重返职场后的职业选择期待

对于重返职场后选择什么样的工作，大多数女性的职业选择期望还是以家庭为重心，职业期待有所降低，希望能寻找一份兼顾家庭与事

业、相对比较自由的工作。这种心理期待凸显学龄期儿童的课后托管难
题。李女士说：

我觉得对我个人来说，肯定是那种返岗比较稳定的相对比较好一
些，但是不大现实，还是没有人帮助带孩子。主要是时间上，比如上幼
儿园或者上小学的，没有人接送孩子，还是考虑以后自己干的概率大一
些。自己干点什么，孩子有事我们可以休假、放假，比较自由。都兼
顾，也能照顾孩子，最起码有自己的工作。

陈女士说：

我是那种，因为从毕业以后一开始给别人打工，到后来自己开店，
再到后来来 B 市也是自己开店，我就觉得我是不愿意去按时上下班的
那种。自己考察好了一件事情以后，我也不是那种特别盲目的那种人，
只要考察好了这件事情以后，我会去决定做这件事情。我觉得对于我来
说选择一份工作，做好一份工作应该不难。

（3）重返职场的焦虑感

职业中断会造成工作经验积累的中断，性别、年龄、初育年龄、学
历、职业中断前工作特征都会给全职妈妈带来一系列的"劣势积累"，
重返职场的焦虑感增强，面临诸多困难。方女士这样讲述自己的焦虑与
担心：

我生孩子时都已经快 30（岁）了，等他（儿子）3 岁我就 33
（岁）了。现在外面的招工启事都是这样写的，年龄 28 岁到 30 岁，或
者 25 岁到 30 岁，然后 30 岁之后的基本上都不在里面了。你不在里面，
对于到我们等他（儿子）3 岁的时候再去找工作就很难了。我和我同学
聊天，她（家）孩子比我（家）孩子大两个月，到时候我们能干什么？
就人家那个什么保洁、理货，然后或者是就只能干这些了，就干那些文
凭不高，然后对工作技术能力要求不高（的工作），只能干那样的。因

为像一般的公司，尤其像这种私营（公司），它们比较在意就是，我给你交多少年社保你退休，你在我这得干够了多少年才行。可是问题你年龄大了，你来，我给你交上 10 年你就退休了，对它们私营（公司）来说，它们觉得亏，所以很多私营（公司）它们不会选择这种年龄段的。这样的话对我们这种有孩子的，找工作就是，其实就是说工作可能一大把，但是都不适合。

（4）返岗培训的需求较强烈

当问及是否需要返岗培训时，得到的都是非常肯定的回答，"非常有必要"。确实，及时更新知识，不断学习职业技能，对于全职妈妈顺利重返就业岗位至关重要。

方女士说：

这个（返岗培训）还是很有必要了，其实说实话在家待时间长了，社会脱节性比较大，这些技术性也不行了，所以还是有必要。而且在家待久了，会有一种，那叫什么？自卑，应该算是自卑。真的，你慢慢地就感觉一点自信都没有了。这需要一个过渡，第一能让你学点新东西，能了解一下社会新的东西，然后还能找回一点就是那种优越感、自信感，要不然我觉得，真的绝对只能碰头。

二　兼职工作母亲：母职与就业的"沉着"应对

在调查中，共对 5 位目前从事兼职工作的女性进行了深度访谈，可以感受到，她们能够在育儿与就业之间比较"沉着"地应对，当然，家庭成员也给予了较多的支持与帮助。

1. 生育状况与工作特征

访谈的 5 位兼职工作母亲均为 80 后。从其生育情况来看：第一，从子女数来看，一孩家庭 1 人，二孩家庭 4 人（2 人正在孕育二孩）；

第二，从子女年龄来看，大多在 12 岁以下，以学龄期儿童为主，其中二孩家庭中一般都有学龄前儿童。

从兼职工作母亲从事的工作类型来看，大多属于体制外就业，且以自由职业为主，5 人中目前有 4 人自己创业。总体来看，这些职业工作时间相对比较灵活，收入比较可观，但缺乏就业保障与生育保障。从职业流动的角度来看，5 位女性，有 3 人曾经换过工作，其余 2 人从未换过工作。目前从事保健行业的房女士，其工作经历充分体现了结婚、生育对其职业发展的影响。

（房女士，36 岁，职专学历，会计专业，育有一男孩，10 岁。）爱人在 XX 局上班，公公婆婆离异，目前一家三口与公公在一起生活。结婚之后在商场的超市卖过鞋，后来怀孕了，很简单的事，发现上厕所都不方便，上班要求严，上厕所得找牌，找出入证，特不方便，后来就不做了，回家生孩子。到孩子 1 岁 3 个月的时候我又想出去工作了，婆婆帮着带孩子，就去酒店干餐饮，一直做到孩子 3 岁。干餐饮很累，每天回到家都得 9 点多，孩子都已经睡着了。干了一年多，就又想辞职了。后来孩子上幼儿园了，一个亲戚给介绍了酒店的工作，不耽误照顾家，做客房服务，待遇还行，单位给交五险一金，但工资不高，刚去时才 800 多（元），慢慢涨到 1000 多（元），工资不算高，干了五年。后来孩子上小学，我对象负责接送，我早上很早就得出发，孩子在小饭桌吃午饭。孩子吧，从小身体素质不太好，那会总长病，经常感冒、咳嗽。一有病我就着急，同事说有舍就有得，要不别干了，我想想也是，狠狠心我就下来了，不干了。公公又得了糖尿病，后来还出了并发症，有点危险，上医院也治不了根，就在家保守治疗，到现在出并发症五年了。我现在在朋友开的盐蒸馆上班，做美容保健，她们挺照顾我的，中午可以回家给孩子做饭，平常有做盐蒸的就去。做美容可以提前和客户约，有时候也跑客户，这个工作，时间挺自由的，干了一年了。目前先这样干着吧，只能先顾家里，等孩子年龄再稍大些，我还想再换个能给交保险的、稳定点的工作。

从房女士的职业发展经历可以看得出来，其每一次的工作更换都与家庭责任的承担有很大关系。结婚、生育改变了她们原本的职业生涯轨迹。

2. 母职与育儿平衡的应对策略

因应（亦称应付或应对）是指个体处于压力环境或遭遇压力事件时，为平衡自身精神状态所做出的认知或行为上的努力（杨昭宁，1999）。对于女性经历的结婚、生育、抚育子女等生活事件，特别是育儿压力，个体一般不会消极面对，总会根据事件本身的情况做出因应，并不断调整应对策略。

（1）兼职工作的灵活性特点提供了平衡的重要条件

与全职就业相比，兼职工作最大的特点与优势就是时间灵活、自由，可以根据现实情况随时做出调整，同时兼顾到家庭与工作。马女士，33岁，高中学历，已育有一女，6岁，幼儿园大班，目前正孕育二胎。关于自己的工作，她谈道：

我是当兵退伍回来的，2006年退伍，回来就一直自己干，没有出去工作。当时婆婆这边有个花店，就结合在一块，之前也了解一些，就直接干婚庆了。周一到周五不用工作，有人来谈婚礼的话，就会提前打电话，预约好时间谈细节问题。一般婚礼都是在星期六、星期天，所以只有周末比较忙，平常时间很富余，也比较自由，带孩子比较方便，平时都有时间陪孩子的。尤其这两年婚庆行业不如前些年好干了，有竞争。所以这两年不如前些年忙了，正好可以照顾家里，挺好的。老公也是自己干，做教育方面的，时间也比较灵活。

由此看来，与全职工作相比，马女士从事的兼职工作，有利于减轻女性面临双重甚至多重角色时带来的工作－家庭冲突，提高了工作满意度和生活满意度。

（2）家庭成员的照料支持

对从事兼职工作的女性来说，同样存在育儿与就业难题，特别是在子女年龄比较小或有两个孩子的情况下。在目前公共托幼设施和服务比较匮乏的情况下，单靠自身力量很难完全扮演好多重角色。因此，家庭成员需在照料方面给予比较大的支持与帮助，包括帮助料理家务、照顾孩子生活起居、接送孩子等。

叶女士，31 岁，初中学历，儿子 9 岁，小学三年级；女儿 3 岁，幼儿园小班。和爱人一起在 B 市批发市场卖百货。关于家人的支持，她这样谈道：

老人 50 多岁，身体都健康。老人还是很重要的，他们能帮忙看孩子，我家孩子小的时候，晚上睡觉都不跟我睡的，跟他奶奶睡。家务活一般也是老人干得多点，因为老人在家。就像我家闺女，今年（2016）9 月份上幼儿园，送完之后就三天两头生病，只能接回来，因为还有店要看，所以只能让老人帮忙。

朱女士，31 岁，B 市人，有一男孩，4 岁多，目前正孕育二胎。幼师专业本科毕业，第一份工作是幼儿园老师，后辞职自己开店卖衣服。对老人提供的支持，朱女士说：

孩子 3 个多月的时候，在商场里开专卖店卖衣服，孩子喝奶粉，一直由奶奶带着，不过老人今年（2016）去世了。我们一直一起住，和娘家也住同一个小区里，离得很近，开车几分钟吧，周末的时候就把他（儿子）带到娘家那，让孩子奶奶休息两天。我娘家条件比较好，我们两口子家里几乎不开火，就跟着老人吃，其实挣的钱也就是自己花，养孩子没有经济压力。我要二胎以后，我妈年轻，52 岁，我爸妈都可以帮忙给看着。老大上幼儿园，离家也很近，实在没空接，我妈就帮忙接一下。我爸说，"你都这么大了还啃老呢"（笑……）。反正什么事都不用我们操心，他还得倒贴。老公嘛，也帮了点忙，孩子上幼儿园之后，他负责接送。

另外，访谈的每一位女性都有着比较平和的心态，比上不足，比下有余，对目前的生活现状相对比较满意。

3. 未来规划

对于未来的职业发展规划，5 位女性有着不同的想法和期许。

（1）继续从事原来的工作

对部分女性来说，兼职工作灵活、自由、方便，能比较好地帮助女性应对育儿压力与工作之间的冲突，所以，随着子女年龄的增长，她们仍然会把这份工作当成自己的事业继续从事。经营服装专卖店的朱女士说：

> 自己干赚的多，肯定不想朝九晚五（上班）。我无所谓，顺其自然。如果孩子两（三）岁上幼儿园以后，这个店不可能开一辈子啊。本来我和我大姑姐，她也没工作了，姐夫进货渠道比较那个什么，不垫钱都是拿他仓库的货卖，都不给他钱。不干再说吧，可以找工作，不可能这么年轻光在家看孩子，也不行。

（2）寻找一份比较安定的工作

对另一部分女性来说，因为家庭的原因她们从全职工作转向了兼职工作，当时机成熟时，她们还是愿意继续返回原来的生活轨道，寻找一份比较稳定、有保障的工作。关于这一点，房女士谈道：

> 我刚从酒店辞职的时候，老公说只要照顾好老人、孩子就行，不指望我挣多少钱，其实说实话我也不愿意干家务，还是想走出来。我现在自己这个职业，多少我挣点，我有点价值。在家你干再多活，体现不了价值，我觉得女人得有一点自己的事业。所以，等孩子再大点，我要找

一份比较固定的工作，（能）给交保险，正常上下班，周六、周日双休也行，休息一天也行，挣钱多少倒无所谓。

总体来看，从事兼职工作的女性虽然能在母职与就业之间实现"沉着"应对，但背后也能反映出其就业质量相对不高。因为，兼职工作虽然灵活性较强，但收入相对较低，福利和保障相对不足，工作强度相对较大，体力型劳动相对较多，稳定性较差。

同时，社会对于男性的工作角色期望高于女性，而对于女性的家庭角色期望高于男性（谢菊兰等，2015）。因此，虽然当代女性能获得和男性平等工作的权利和机会，但是女性仍然处于弱势和不利地位，大多数女性仍然背负着家庭和工作的双重压力。在这种情况下，女性很难按照自己的意愿去自主选择适合自身发展和满足自由个性的社会生活而实现自身的人生价值（王永明，2011）。

三　全职工作母亲：艰难行走于育儿与职场之间

在资料收集过程中，总共对 10 位全职工作的女性进行了深度访谈。可以感受到，为了兼顾育儿与就业，她们付出了较多的努力，家庭成员也给予了她们最大的支持与帮助。

1. 生育状况与工作特征

10 位从事全职工作的女性，除两位为 70 后外，其他均为 80 后。从其生育情况来看：第一，从子女数量来看，一孩家庭 5 人，二孩家庭 5 人（包括两位正在孕二孩）；第二，从子女年龄来看，大多在 12 岁以下，以学龄前儿童为主。

从访谈对象从事的工作来看，大多属于体制内就业，既有在行政机关工作的，也有在事业单位工作的，还有在国有企业工作的。总体来看，这些女性，都有着比较固定的工作时间、相对稳定的收入以及较好的生育保障，产假后一般立即重返劳动力市场。从职业流动的角度来看，10

位女性，除 2 人换过工作外（1 人因部队转业更换工作，另外 1 人更换了 2 次工作），其余 8 人从未更换过工作，只是经历过内部岗位调换或晋升，说明在体制内就业相对比较稳定。目前在社区居委会工作的高女士，其更换工作的经历充分体现了结婚、生育在女性就业过程中的重要影响。

（高女士，40 岁，女儿约 3 岁半，本科学历，计算机专业。）第一份工作在交警队做违章处理，活不累，干了 4 年，临时工，工资 1000 多块钱。后来主管领导走了，我也就不想在那儿了，他帮我介绍了在三联电器做销售，签劳动合同，在三联做了五六年时间。站柜台做销售，挺辛苦的，白天两班倒，6 个小时，工资要比现在的工作稍高一点，但是就是因为年龄越来越大了，并且那个时候也准备想要孩子了，觉得体力上达不到了，所以就不想干了。后来又想自己做生意，结果那个地点出了些问题，没做成。正好那年社区招人，就做社区（工作）了，这是第三份工作，来了以后我还进修了社会工作本科。现在这个工作和合同工差不多性质，三年一换届，如果三年被选上的话就继续干，我已经做了三届了。现在感觉社区还可以，待遇各个方面，工作也比较稳定，还是女孩子那种心理吧，希望稳定一些。因为社区可能和其他单位不太一样，琐碎的事太多，没有一天空闲的时候，感觉有忙不完的活，工作实际上要比以前重。休产假时是别人帮着我做我那份工作，没有人顶我的岗位，回来以后我又重新把工作接过来。

高女士的经历说明，女性有着不同于男性的职业发展过程，其中，生育在女性职业生涯历程中，扮演了较为重要的角色。女性职业变动、职业发展与其婚育状况紧密相联。

2. 育儿与就业平衡的应对策略

（1）老人的鼎力相助："带薪"保姆，"收买"儿女

对全职工作的女性来说，面对育儿与就业难题，在社会支持力量不足的情况下，只能利用家庭内部资源进行协调，其中双方老人给予了最大的支持，既有经济支持，也有照料支持。在老人座谈会中，李先生说：

> 我有两个儿子，两个孙子。两个儿子都是公交公司司机，一个月3000多块钱，夫妻两人也就5000多块钱。两个孙子，大的上高中，小的上初中。不住在一起，俩儿子住的地方离市里较远。我们老两口退休金6000块钱，全花在孩子们身上了。我现在的情况就是，俺老两口永远也下不了岗，我老二家三口，周一到周五在我家吃、住，礼拜五晚上走。想着腾出两天来歇歇，结果我大孙子住校，周六、周日又来我家了。再一个，越穷的对孩子越亲。老人的钱，第一个是自己粗茶淡饭，应付，舍不得吃，舍不得喝；第二个舍不得住院；第三个"收买"儿女。"收买"儿女和孙子，养不住归养不住。"哎呀，孙子你想吃什么？"不是他要，是掏出来给他，就是"收买"。所以，钱是一个不剩。

即便对独生子女家庭来说，一个孩子，父母也是竭尽所能，给予子女最大的支持。对于这一点，胡先生谈道：

> 我今年60（岁）了，儿子34岁，小孙子刚出生两个月。我们两个退休了，孩子的工作一般，我们没有要过他们一分钱，回家吃饭绝对是免费的，连冬季的取暖费用都是我们付的。这两个月，累傻了，生孩子给了他们1万块钱，还得24小时全天候，伺候不说，带着猪蹄子，买的肘子，熬好了，真是全职爷爷奶奶，"带薪"保姆。我们住的很近，买房时掌握一个原则，一碗水的距离，七八分钟吧，从我的角度还是感觉压力太大。

对于在本地工作、老家在外地的女性来说，只能请老家的父母过来帮忙。夫妻双方都在医院工作的许女士说，"我儿子现在4岁多，从出生开始老人就从老家过来帮忙，奶奶、姥姥轮流看，我和孩子爸爸都很忙，真的是应付不过来"。也正是因为考虑到子女照料的问题，像许女士这样的很多家庭，目前生育二胎的意愿都非常低，经济条件并不是主要的影响因素，对她们来说，"谁来带"才是考虑最多的一个问题。关于生育二胎，许女士（34 岁，儿子 4 岁多）谈道：

> 我和孩子爸爸都是独生子女，在"二孩"政策放开之前我们就可以要二胎，但我俩都没太有这想法。有几个原因吧。一是嫌累，我们这个工作忙，在医院上班比较累，尤其有手术的时候根本没法正常点下班。下了班之后就陪孩子，睡醒了上班，回家就全部是孩子，一点自己的时间都没有。这两天孩子病了没上幼儿园，一生病一晚上全部都得围着他转。再有我现在还在读博士，二年级，还不知道什么时候能毕业呢，带他一个就挺牵扯精力了，带俩，真不敢想。还有，我生完孩子身体虚弱了好多，剖的，可能也是一个原因吧。其实这些原因都不是主要的，最主要的是怕生了没人带，尤其上幼儿园之前这段时间，我休完产假就得上班了，到孩子能上幼儿园，两年多时间呢，谁来带？老人年龄越来越大了，身体也不太好，指望他们有点悬吧，也有点于心不忍。找保姆，还真不放心，现在你看网上报道的，好多保姆都虐待孩子，有钱也不敢请呀。反正是我个人不太想要，至少有 90% 是不要（再生）的。

从老人的角度来看，对生育二孩，会因自身经济条件、身体条件、子女自身条件不同而有不同的态度。一般而言，老人自身经济条件较好，大多希望自己的子女能生育二孩；如果老人自身经济条件一般，再加上对子女家庭各种情况的考虑，对生育二孩大多不太支持。在子女已婚人员座谈会中，王女士说：

> 我有一个儿子，孙子现在 9 岁，上三年级。二胎（孩）刚放开时，我不算同意（要二胎），结果儿子媳妇说不想要，我说"太好了"。我不同意，主要是经济情况不允许，我和老伴都是退休的，一个月 2000 多块

钱。但孩子情况不算太好，儿子工作一般，媳妇身体不太好，如果我和孩子爸不退休，他俩就过不下去了，我们退休金可以资助他们一点点。我们绝对是全职奶奶和爷爷，和孩子住一个单元，楼上楼下，天天接送孩子上学放学。孩子现在上学虽然是义务教育，但是都要报一些辅导班的，哪个月的工资都得投在孩子身上。我也想有二胎（孩），家庭不允许，最起码你要有车子、票子、房子。

退休前在政府机关工作的赵女士非常支持"二孩"政策，但子女的生育意愿不强。她谈道：

我今年75（岁）了，有两个孩子，女儿43岁，儿子35（岁），他们各有一个女儿，现在非常期待他们什么时候生二胎（孩），但是他们坚决反对，能生不想生，工作和待遇都不错，就觉得太累了。工作本身就忙，再加上经济负担也很重，从上幼儿园到上学，整个的这一套下来，费用承担不起，精力实在是来（应付）不及，所以坚决反对，怎么也不行。（我）整天叨叨这事，怎么都做不通工作，我也不好意思再说他们了。他们愿意生就生，顺其自然吧。很多年轻人都有这种思想，就觉得压力太大了，入托难、入学难，医疗费高。

"全职爷爷奶奶"、"带薪"保姆、"收买"儿女，从一个方面反映了我国社会中近些年出现的新现象——中国式"啃老族"和"老漂族"。在我国，由祖辈照看年幼孙辈的现象相当普遍。在这种家庭中，祖辈不仅义务性地看管孙辈，还一并揽下其他日常家务，甚至自掏腰包应付各种日常花销。虽然这种"啃老"现象可能源于祖辈"含饴弄孙"的文化与心理需要，但在客观上保证了成年子女的工作投入（李芬、风笑天，2016b）。

（2）来自丈夫的育儿支持：夫妻分工明确，共担育儿责任

育儿是男女双方的共同责任，尤其是在双薪家庭中，或者在有两个子女的家庭中,又或者在子女年龄比较小的家庭中,育儿压力非常大,任务非常繁重,因此,部分男性也发挥了重要的支持作用,与妻子一起共担育儿责任。关于这一点,在机关工作的张先生谈道:

> 我和媳妇在同一个单位,两个女孩,大的7岁,小的1岁多。周一到周五,白天由我父母照顾小女儿,周末尽量让老人休息。现在我和孩子妈妈基本上分工明确,小的还没断奶,我主要抓老大,基本上你的时间都给了孩子。早上7点起来做早饭,然后要把她送到学校,中午接她回来吃饭,下午还得送,晚上接回来之后还得辅导她作业。然后另外一边再抱着小的,老太太和老爷子可能回自己家得相对晚一点,我对象再做做饭。周末还要陪老大学舞蹈、围棋、书法、小主持什么的。所以,我整个这一天从睁开眼,就一直很忙碌。

在访谈中,说到育儿,张某连着说了两句"非常疲惫",因为夫妻俩同为公职人员,工作时间固定,没有弹性,多重角色不仅仅使女性要承担很大的育儿压力,配偶也是如此,所以,他还谈道:"如果没有两位老人帮助我照顾小女儿的话,说实话很难,真的非常难,如果有一个老人身体不好,说实话就转不动了。"可以感觉到,在目前的现实状况下,尤其是在孩子年龄小的时候,父母是非常辛苦的。

另外,从父母与配偶提供的育儿支持可以看出,当生育女性遇到育儿与就业难题时,首先想到的就是向家庭成员进行求助。这一表现反映了女性群体对求 - 助关系的主观认知深受中国传统文化的影响。传统上中国社会是家本位和伦理本位的,社会团结首先是家庭或家族的团结,是靠差序格局形成的社会支持体系,家庭或家族对其成员有一种包容性支持的义务。共同的生活、时空的一致性使亲人之间的支持关系成为可能(王思斌,2001)。显然,作为最重要的自然网络,亲属在社会支持系统中的作用无可替代。

3. 多重烦恼的叠加

（1）育儿成本高，经济压力巨大

在调查中发现，尤其是 80 后这个群体，随着孩子的降生，养育孩子的成本越来越高，加上房价持续上涨等因素，经济压力确实非常大。在社区工作的高女士说：

> 因为老人年龄太大，我们就请了育婴嫂，请到孩子将近 3 岁，然后觉得经济上负担不了了。价格一开始是 2400 多（元），后来是 2800 多（元）。孩子的爷爷奶奶也帮着照顾着，请保姆都是我婆婆拿钱。一般我们（的收入）就还房贷，每月 2000（元），后来不找保姆了，就是我婆婆帮着我们还贷。因为我们工资都不高，3000 来块钱，把保姆的钱付出去以后就没了，觉得压力很大。

在银行工作的李女士给笔者算了一笔账：

> 其实养孩子支出很大的，原来算过笔账，包括每个月房贷加孩子奶粉钱，所有的支出加起来一个月怎么也得花六七千块钱。把我一个人工资基本上都花完了，剩下一个人工资还不一定存得下。其实我们，80 后应该属于最难的一代了吧，上有老下有小，所有都要面对。

（2）二孩双薪家庭面临更大的育儿照料压力

对于二孩家庭来说，在夫妻两人都是职工的情况下，在孩子年龄比较小，需要父母投入较多精力的状况下，家务劳动与照顾压力都非常大。小学数学教师张女士这样说：

> 我今年 32 岁，与丈夫一样都是独生子女。有两个男孩，老大 4 岁，老二 8 个月。老二属于意外（怀孕）。其实我不是特别想要，觉着老大太小，本来精力上就不是很什么。要了之后发现确实是精力达不到，老人说怎么养都是养，但是确实是生了之后有很多（事情），比如说老人一长病，孩子一长病。我们工作又不能耽误，很多时候请假很难，确实

遇到很多问题。从我自己照顾来看，特别不想让两个孩子分开，生俩孩子就是为了让两个孩子做伴，但是没有办法，只能分开。姥姥这边看老大（老大从小是姥姥看大的），奶奶从老家过来照顾老二。两个也不是看不了，但是光靠一边老的，（他们）太累了。再说两个孩子确实是太小，你像老大一长病，老二也跟着长病。在单位，我们有没有课都得坐班，白天在学校这段时间也还是很辛苦的，然后回到家还要照顾这个小的。还不太放心老大。我这五天必须有一天时间先回我妈家，过来看一下老大，然后再回自己家。老公自己干（创业起步阶段），指望他更没戏，早上起来8点走，晚上8点回来，能见上他一面就挺什么了。我老公也不是那种很勤快的（人）。哎，真的是很累。

张女士的问题反映了目前儿童照顾的一种现实情形，在有两个子女的女性中，当子女年龄较小且生育间隔期较短时，育儿负担尤为沉重。

（3）时间压力大

人的精力是有限的，多重角色的扮演常常让女性感觉到巨大的时间压力。在社区工作的高女士谈道：

我40岁，孩子3岁多，幼儿园小班，父母都70多岁了，平时老人帮忙照顾孩子。我们社区（工作）比较忙，有时候加班会加到（晚上）9点，回到家就10点了，孩子就等着，他不睡觉。一般每天和孩子接触的时间也就是两三个小时。如果你回去早，一般是8点，也是两三个小时，11点左右睡觉。如果10点回去他就1点睡觉。就觉着时间不够用，挺亏欠孩子的。

以上说明，目前许多已育女性面临时间贫困问题，即使是在牺牲休闲和娱乐时间的情况下，"时间不够用"仍是她们的一个共同感受。

（4）生育对职业发展的不利影响

女性在生育后重返就业岗位，与男性相比，可能会带来一系列的变化。

第一，晋升机会的减少。在街道办事处工作的王女士谈道：

我现在是正科，当时考的省委组织部选调。男同志，明显的，他们的上升空间就是可以看得出来，比我们要好很多，（有很多）晋升的机会。男同志也更能在工作上便于去承担一些重担，就是关键时刻能用得上，加班加点、值夜班什么的都挺方便的。我现在这样的正科已经不多了。男同志他们都副处或正处了，女同志要想（到）处级就很难，基层公务员调整的也不大多。女的本身还是希望稳定一些吧，相对来说。

由此可见，与男性相比，女性的晋升机会相对较少，女性自身的生理状况、家庭责任重、求稳的心态等都会在某种程度上影响其晋升。

第二，重返职场面临转岗问题。一般来说，女性在怀孕期间由于身体原因可能会调岗或转岗，在生育后重返劳动力市场可能会回到原来的岗位，也可能会调岗。初中教师刘女士（34 岁，女儿 3 岁多，正孕育二孩），她谈道：

我们学校有个惯例，怀了宝宝，就要转岗干其他的工作，学校肯定会照顾安排一些比较轻松的工作，比如转到后勤。也有一些学科老师，他们有减工作量。像我教信息技术课，这个学科比较特殊，如果怀孕期间再到机房上课可能会有辐射问题，这个学校都会考虑的，感觉这方面学校做的还挺好的，休完产假再回原岗位就行。

而在银行工作的李女士就没那么幸运了，怀孕后没耽误工作，一直工作到生产，特别辛苦，她说：

我以前最早是大堂经理，后来是 2012 年的时候转为理财经理。我一直工作（到）生（孩子），休完产假返岗以后又调大堂经理了。其中原因我不知道，好歹之前做过还比较熟悉，不然的话还得重新适应。

　　刘女士和李女士的经历，说明很多女性在生育后重返劳动力市场时，都要面临一种选择，她们可能需要重新选择或适应新的岗位。

　　第三，收入的下降。对于在机关事业单位工作的女性来说，生育前后收入基本上没有太大变化。而对于在企业工作的女性来说，由于涉及工作绩效，收入会因生育受到不同程度的影响。关于这一点，在银行工作的李女士谈道：

　　返岗以后不仅要转岗，收入肯定也有影响，我休完产假6月份上的班。我们行绩效考核是从年初开始的，不管拉存款还是办卡，所有都是年初开始的，因为我这半年什么都没弄，但考核的时候还是按一年考核。所以我的收入在这一年里，加上第二年都不高，包括我的公积金直接降下来了，工资平均每个月降下来1000多块钱。不过我还是比较知足，你想这半年毕竟没有给行里带来任何效益。

　　某银行人力资源专员王女士也证实了这一说法，她说：

　　银行的业务岗基本上都是绩效工资，基本工资加绩效工资。产假工资（生育津贴）多少就看她这个岗位绩效工资有多少。有的岗位就是基本上（收入）不受影响，像会计岗可能影响就比较小，因为会计岗位基本工资比较多，绩效工资占比例低。她如果休产假的话影响就会比较小，她就拿基本工资。

　　李女士的情况在一些企业中普遍存在，员工的收入与所做贡献紧密相关。当女性因生育无法为企业创造经济效益时，其收入势必会受到一定影响。显然，当代女性的广泛就业改变着"男主外，女主内"的传统社会分工模式，但在传统文化影响下，社会依然要求已婚女性继续把家庭角色作为主要角色（邱亚君，2007），如何更好地扮演好家庭与工作中的角色，实现工作与家庭之间的平衡，成为全职工作女性普遍面临的问题。自由主义女性主义代表人物贝蒂·弗里丹在著作《女性的奥秘》中得出结论说，当代女性需要在全日制的劳动大军中找到有意义的工作。但是，她把女人送到公共生活范围，却没有召唤男人进入私人家务领域；在女性主义的名义下——试图成为全职的事业型女性又是全职的贤妻良母——她们精疲力竭；弹性工作时间安排可以更好地让母亲照顾好孩子，但会使一个顽固的观念得以强化，即家和家庭仅是女性的责任，而不是男女的共同责任（童，2002：33～36）。

第二节　现实困境

生育对女性职业发展的影响，体现在生育后的职业中断、目前的职业地位获得以及职业地位的改变等很多方面，全职妈妈的增多、兼职工作女性的增多、全职工作女性的艰辛可以充分说明这一点。目前，全面"二孩"和"三孩"政策已经出台实施，但相应的配套措施与服务并没有完全跟上，由此可能会对女性的生育与职业发展带来一系列的问题。

一　生育责任的女性化

1. 传统性别观念的束缚导致不平等的育儿责任

性别角色观念是人们关于男人和女人的地位、分工以及个人行为模式的种种规范性总和，它展示了人们关于什么样的两性间角色关系是适当的规范和信念（Williams & Best，1990）。它分为性别角色分工观念、性别角色期待和性别平等意愿三个方面（刘爱玉、佟新，2014），其中性别角色分工观念是核心。随着现代社会的发展，性别角色观念正逐步由传统向现代转变，但传统的"男主外，女主内"性别角色分工观念依然根深蒂固。在育儿阶段，夫妻双方会面临家务劳动时间增多、家庭照顾压力增大等一系列问题，在个体的时间、精力和体力有限的情况下，不同角色间的需求就会产生冲突，尤其是对双薪家庭来说。性别角色观念越传统，女性在面对家庭责任与职业发展问题时越倾向于选择家庭。也就是说，虽然养育子女是父母的共同责任，但工作－家庭冲突目前更多地聚焦于工作的母亲身上，父亲在儿童照料上的角色是第二位的（Johns，2013）。这种不平等的育儿责任分担压力，导致大部分的家庭事务都压到了女性的肩上。在访谈中发现，这一状况在不同类型的家庭中都存在，在全职妈妈家庭中表现得尤为明显，男性在育儿方面参与较少，丈夫的角色、父亲的角色都未扮演好。

（1）男性的家务劳动参与："眼里没活"

在调查中，大多数女性都认为，在家务劳动参与方面，男性参与的太少，且缺乏主动参与的意识。全职妈妈方女士也说："家务活，你让他干，他也会去做，但从来不会主动去做，眼里没活，只有手机。他能给你干半小时就很好，而且这半小时还得嘟囔嘟囔。"在调查中经常能够发现"眼里没活，只有手机"和"从来不会主动去做家务"的男性。之所以会出现这种状况，与大多数男性都比较认同传统的性别角色分工观念有着很大关系。在银行工作的李女士说：

我对象属于那种偏传统一点的。我公婆他们家传统观念非常严重，所以他就老觉得男人应该就注重外面，多在外面，女的要注重家庭方面，"男主外，女主内"。

对一些全职妈妈来说，她们也比较认同传统的性别角色分工观念，所以愿意放弃事业回归家庭。全职妈妈陈女士谈道：

生孩子对工作肯定有影响呀，还是有影响的。从有了孩子，孩子奶奶一直正常上班，没有人看他（孩子），所以只能先把工作的事放一边。你想想，如果说在挣钱跟孩子之间，作为女人还是觉得孩子重要，不可能把孩子扔下去挣钱。

对于这一点，一些兼职和全职工作的母亲却并不认同，她们的性别平等观念相对较强，所以对男女性别分工有着诸多的不满意。从事兼职工作的叶女士谈道：

我不认同的，我是完全不认同的，我就觉得现在的女的比男的做的都多。我老公觉得，你应该三从四德，你就应该，家里的活你就应该干了。他上次还跟我说了。我说："现在不是以前。"他说："这老一辈传承下来的，还是有道理的。"他是这么说的。那我说："现在是现在，以前是以前。"以前是男的在外面干活，女的光在家里看孩子，做家务什么的，对不对？你（看）现在不一样了，现在的社会是女人又在外面挣钱，挣钱比男的（挣的）又不少的，白天干活，晚上回家还得看孩子，还得做家务什么的。

尽管如此，但有时面对难以改变的现实状况时，女性也只能无奈接受。对于此，在银行工作的李女士说：

我是属于那种比较平等的那种。我的观念是，既然我和你一样在外面工作，我也是8小时工作制，也是正常挣钱什么的，我比你多干活，晚上回来哄孩子睡觉什么的，所有的都不用你们男的操心。但是我觉得家务方面，男的就应该多分担一点，不是不会而是不干，我是这种观念。况且，我是那种人，看不惯别人不干，如果我说一遍你不干，两遍不干，第三遍我就不说了，自己干。经常是，晚上7点钟我下班回来，先做饭，炒两个菜，等所有饭都做好，到8点才能吃上饭。

（2）男性的子女照料参与："表面化与应付式"陪伴

在调查中发现，女性特别是作为全职妈妈的女性，内心里特别希望丈夫能帮其分担一部分育儿责任，理解其在家庭生活中的不易，得到一点点的心理支持与安慰。关于这一点，全职在家照顾孩子的方女士说：

其实他回来的时候，我反而希望他陪孩子，我们天天在家陪孩子，陪烦了你知道吗？男孩子挺淘气的，累得慌。有的时候我宁愿去做饭、去洗衣服，哪怕累点，让他去陪孩子，帮我看几分钟孩子都行。真的很想得到那么一片刻的清闲，就那一片刻都好，就是这样。

但实际上，面对育儿压力，除在少数的全职工作母亲家庭中，部分男性承担了一些育儿责任外，在其他类型的家庭中，大部分男性承担的育儿照料责任非常有限，呈现"表面化与应付式"特征，有效的陪伴太少。关于这一点，全职妈妈谢女士说：

我们两个孩子全不找她爸爸，爸爸回来之后，感觉可悠闲了。先打开电脑，来了微信看看手机，什么广告新闻。他把这所有的时间都弄他的游戏和什么上去了，和孩子就是交流得太少了。有时候逼不得已了，抱抱她，给你看一会儿，但他给你弄的，孩子经常不是哭就是叫，你根本就没办法。

2. 育儿的社会价值难以体现和被承认

传统的"男主外，女主内"观念，将家庭事务视为"公私二分法"中的私人领域活动，并将女性在家庭内的照顾活动视为天然的责任和义务，育儿责任主要由家庭中的女性来承担。与公共领域的有酬劳动相比，私领域的无酬照顾劳动的社会价值与意义难以得到承认和体现。在访谈中，从事兼职工作的房女士谈道：

家务活，这么多，这么累，别人看不到，老公不理解，所以在家你干再多活，没用，没人承认呢，也体现不了你的价值，只有工作了你的价值才能体现出来。

女性的家务劳动与金钱不等值这个事实实际上导致对家务劳动的贬低，即使是在有些女性自己眼中也是如此。仿佛这段看似没有商业价值的时间不重要，可以不计回报且无限地付出，首先为家庭成员尤其是孩子付出，因此我们看到，母亲的时间是最容易被打断的（布尔迪厄，2002：135～136）。

显然，以女性为主的照顾者所提供的无酬劳动长期以来没有得到公共政治的承认，女性经常被自然看作是福利的接受者，政府和决策者们忽视了女性作为福利的贡献者或提供者的价值（Lewis，1997）。有些政策设计未突出性别的视角和取向，也未考虑女性育儿所创造的社会价值。事实上，生育和抚育子女不仅仅是个人和家庭的事务，更有着巨大的社会价值。它对人类的繁衍和种族的延续而言意义重大，为社会经济的发展提供着源源不断的动力。而育儿活动中的家务劳动更有着重大的经济价值。有学者对家务劳动的经济价值进行了估算，以甘肃省为例，估算出无酬家务劳动占全省 GDP 的 34.63%，城镇女性一天的无酬家务劳动价值就达到了 8033.08 万元；全年所有常住人口的无酬家务劳动价值约为 1099.99 亿元，其中女性创造的就有 831.69 亿元，占总体价值的 75.61%，充分反映了女性被忽视了的巨大经济贡献（王兆萍、张健，2015）。

3. 生育政策的性别盲视固化了女性的生育责任

我国现有生育政策的实施对象基本上都是以女性为主，而将生育的另一责任主体——男性排除在外，这实质上是否定了男性的生育角色与生育责任，而将女性固化为唯一的生育责任承担者。政策的性别盲视给女性带来了不利的影响，比如很多女性在休完产假重返劳动力市场后，因其母亲身份而遭遇就业歧视。再以陪护假为例加以说明。在调查中发现，很多女性的丈夫并未享受陪护假，或享受的时间太短；从女性和子女照料的角度来看，陪护假非常重要，如果时间太短，根本起不了太大的作用。在医院重症医学科工作的许先生，爱人生产时，因为工作太忙，没有休一天陪护假。而另外一个在神经外科工作的姜先生还算比较幸运，他谈道：

我有两个孩子，生老大时，我休了 3 天左右。那个时候医生加班，别人增加工作量，同事比较照顾我。第二次我就直接休了班，应该是一周，这一周我就没去单位，我觉得对我来说也是个休息。那段时间太累了，如果说一个人带孩子，我媳妇刚生完孩子，还有老大。我们休陪护假也不是按照规定来的，只是科里同事关系比较好，跟领导说了一下，你不能说强制单位让我休，对吧？再一个，感觉 7 天短点。我这个还不错，因为有月嫂帮忙，父母在这儿，再加上是顺产。我觉得如果说是家里稍微有点情况的话，一周不太多，调整不过来，孩子 7 天之内，护理也挺重要的，一遍一遍吃奶、喂奶，产妇肯定累，我觉得，特别是年纪比较大的产妇。

事实上，这种情况在我国较为普遍地存在。尽管许多省份在人口与计划生育条例中都有男性陪产假或护理假的明确规定，但时间相对较短（最少 7 天，最长 30 天），而且实际执行效果不太理想，许多男性因各种因素的制约并未享受到，也难以满足其对子女照料的需求。

二　生育责任的家庭化

在访谈过程中，从女性职业流动的心路历程中能感受到的重要一点，就是生育责任的政府职能缺位问题，政府在行使职能上对女性的生育与就业缺乏强有力的支持，生育责任的家庭化趋势明显。

1. 普遍缺少基本的生育保障，生育费用主要由家庭承担

生育保障体系通过向女性提供生育津贴、医疗服务和产假等，帮助她们恢复劳动能力，重返工作岗位；而充足的照料支持可以减轻女性的育儿负担，增加育儿和就业之间的兼容性，平衡好工作与家庭，减少中断职业的可能。通过调查发现，女性生育缺乏足够的支持性政策，家庭承担了大部分的育儿费用。以生育保险待遇享受情况为例。生育保险待遇主要包括分娩费用报销和生育津贴两项内容，报销比例和津贴水平高

低，直接影响着女性生育时自己要承担的费用多少。倘若单位有较好的生育保险支持，女性在产假结束前选择离职的可能性越小（黄桂霞，2014）。在调查中发现，目前生育保障存在两个方面的难题。

（1）生育保险覆盖范围较窄，未包括灵活就业人员和未就业女性

生育保险是国家通过立法，在怀孕和分娩的女性劳动者暂时中断劳动时，由国家和社会提供医疗服务、生育津贴和产假的一种社会保险制度。目前我国的生育保险覆盖人群仅限于有单位的职工。对于灵活就业人员和未就业女性来说，如果其配偶也无正式工作单位，则将无法享受生育待遇。在调查的全职妈妈和兼职就业女性中，只有少部分从配偶单位享受了部分生育待遇（这种情况按照规定仅能报销50%定额生育费用，但无法享受生育津贴），其余大部分女性都是自掏腰包，这无疑增加了生育的成本。随着全面"二孩"和"三孩"政策的实施，会有更多的女性生育二孩、三孩，无法享受生育待遇，将会让家庭再次增加育儿的成本和经济上的沉重压力。

比如，全职妈妈陈女士，丈夫做小生意，两人均无保险。生孩子分娩费用全部自费，因为是剖腹（宫）产，加上生育时严重贫血，陈女士住院时间稍长，花了10000多元。

据统计，2015年，享受生育保险待遇的共有642万人次，而当年出生人口数量为1655万人，这意味着有61.2%的生育女性没有享受生育保险待遇。[①] 这一数据说明目前我国生育保险覆盖率比较低。另外，还有一个重要现象，就是目前我国的生育保险基金已经出现了"倒挂"现象，即收支不平衡，支出高于收入。统计数据显示，2016年，生育

---

① 《2015年度人力资源和社会保障事业发展统计公报》，2016 - 5 - 30，http://www. mohrss. gov. cn/SYrlzyhshbzb/dongtaixinwen/buneiyaowen/201605/t20160530_ 240967. html。

保险参保人数为 18443 万人，基金收入 519 亿元，支出 526.8 亿元。[①]
实地调查的 E 市已经出现了收不抵支的情况，随着全面"二孩"政策
的实施，这一问题会愈加严重。负责生育保险工作的孙女士告诉我们：

> E 市（县级市）是五险一体，参保人数不到 15 万（人），国有、
> 集体、私营、外资、个体，包括机关事业单位全部覆盖。生育基金从
> 2014 年起其实就已经存在缺口了，到 2014 年底缺口是 1.53 亿（元），
> 将机关的和企业的合并，由机关事业单位的节余补在企业上面。2016
> 年 11 月开始收不抵支，就是企业的加上机关的生育基金已经不足以支
> 付现在我们所需要的产假津贴。比如，2016 年 1 月包括男职工产假补
> 助金加女职工的津贴，包括医疗待遇的医疗费。男职工 60 人，支付补
> 助金 6 万（元）。女职工的津贴是 226 人，250 万（元）；医疗待遇 560
> 人，金额 323 万（元），以及其他的费用加起来 600 多万（元）。到
> 2016 年 12 月份为止，（领取）男职工生育补助金的人数是 138 人，金
> 额 13 万（元）；女职工的人数是 501 人，金额已达到 645 万（元）；医
> 疗待遇是 1652 人次，金额是 942 万（元），也就是说金额从 1 月份的
> 300 多万（元）涨到了 12 月的 940 多万（元），涨了约 2 倍，已经没有
> 节余了。根据 F 市（地级市）的收支情况，10 月份预计支出 1.66 亿
> 元，当前缺口是 0.84 亿元。

实地调查的 D 市 Z 区也出现了相同的情况。

> 2016 年，截至 11 月份，全区参保人员是 26439 人，其中女职工是
> 11675 人，占参保人数的 44.16%。当年的收入是 1571.11 万元，支出
> 是 1635.21 万元，可以看出今年（2016）是没有结余的。只要有结余就
> 全部上缴，今年（2016 这种情况）是不够的。如果是倒挂的，就由市

---

① 《2015 年度人力资源和社会保障事业发展统计公报》，http://www.stats.gov.cn/tjsj/zxfb./201702/t20170228_1467424.html。

局拨款，市局把调剂金先拨过来。往年是有结余的，从全面"二孩"政策以后，这一块的支出压力也是比较大的，生育保险刚开始实施的时候，节余是比较多的，开始是单独"二孩"，后来是全面"二孩"，这个结余是慢慢减少的，去年（2015）也是 0。

（2）生育保险待遇较低，生育成本主要由家庭承担

这体现在两个方面，一是报销费用低；二是生育津贴低，不同单位存在较大差异。在访谈中，方女士告诉笔者，她辞职前在一家私营企业工作，生育孩子后，只给发了 3 个月的生育津贴（2016 年 A 省产假时间为 158 天），关于理由，全职妈妈方女士说：

这私营公司，它不会按国家规定来办的，我觉得这个方面可以强制一下。私营企业的事可能是，因为它一到这种时候就说了，说我们公司从成立到现在能有十几、二十年了，二十几年都是这样过来的，我不能给你特办，就别的员工是这样的，所以你必须也得这样，他一拿这个（说事），你就没治了。

对于生育津贴与产假时间不对应的问题，可能和部门管理职能的碎片化有一定关系。产假天数是由计生部门规定的，但生育津贴是由人社部门来发放，两部门未建立有效的沟通与协商机制。目前在 A 省，只有 F 市规定，新增的 2 个月产假生育津贴照发。

全职妈妈谢女士则提到，现在的生育费用太高，生育保险报销费用较低，增加了家庭的经济压力。

生我家老二，花的钱不少，从查体到生，花了 15000 多块钱。好多费用都是自费的。最后，生育保险给报的加上津贴什么的，总共才给了 12000 多块钱。

也就是说，对谢女士来说，生育二孩，从生育费用上看，家庭至少增加了不小的经济负担。

2. 托幼公共服务短缺，家庭育儿成本高

学龄前儿童照料安排对女性顺利实现就业特别重要。在我国向市场经济转型的过程中，托幼服务模式也在转型，国家和企业退出，幼儿服务开始了一个明显的市场化过程。1989 年，我国由国家和企业提供的幼儿服务机构占到 90% 以上（杜凤莲，2008）。而到了 2010 年，我国国有和集体办幼儿园比例为 29.5%，民办幼儿园则占 68.0%，幼儿照顾责任主要由家庭承担（刘云香、朱亚鹏，2014）。

（1）托幼机构配置不平衡，民办托幼机构费用偏高

随着全面二孩政策的实施，托幼公共服务机构匮乏问题必将逐步显现。以调查的 D 市 Z 区为例，Z 区现有 50 所幼儿园，调查时预估 2016 年新生幼儿 3518 人，比 2015 年新增幼儿 1334 人。2016 年新生儿将于 2019 年满三周岁入园，幼儿园可提供 2102 个学位，学位空缺达到 1416 个。

从托幼机构的性质来看，目前公办托幼机构少，民办托幼机构多。从托幼费用来看，公办托幼机构费用相对较低，民众信任度高；民办托幼机构费用相对偏高，民众信任度相对较低。全职妈妈李女士讲述了她的托幼经历：

公办（幼儿园）现在 800 多（元）了，还得加上一天十几元的饭钱，私立（幼儿园）最便宜的也得 1500（元）到 2000（元），所以一个孩子还好点，两个孩子上学，快赶上一个大学生了，这也是一些人坚决不要二胎的一个理由吧。我家附近这几个公立的幼儿园，什么建设厅、省委啊、省军区大院的都是单位性质的，我不在那上班，不是公职人员，我户口在这，但我孩子仍然上不了这些幼儿园，学位有限，怎么办？塞不进去，你也不知道人家有没有名额，人家就说不对外招或招满了。所以，只能托人给帮忙，费了好大劲才入了园。

负责社区党建的梅女士说：

家长的心态是，就想找一个好一点的幼儿园，给他提供一个好的教育。可能就是说入托这一方面，应该不是说困难，而是你都想往好学校去。当时我儿子入托报名的时候，（早上）七点多就去了，去晚了怕报不上。当时报名的有500多名学生，就只要150个学生，然后你就去摇号，能摇上号就上，然后公证处派人就在那儿看着，摇到号了就可以在那里上，摇不上号的，就算报上名也没法上，是这样子的。

确实，托幼机构，尤其是优质托幼服务机构的匮乏，带来了"入园难"问题，特别是在老式的开放式小区中。在新建社区，一般开发商都会考虑到配套设施的建设问题，但这些托幼机构大多以民办为主，这也是其中的一个卖点。

（2）0~3岁的托幼设施较少

目前，大多数幼儿园都有招收年龄的限制，一般要求满3周岁，只有个别的一些民办幼儿园接收2~3岁幼儿。从女性休完法定产假到孩子3岁进入幼儿园，还有一个2年多时间的婴幼儿照料期，如果没有相应的照料支持，女性很难尽快返回工作岗位。在访谈对象中，大多数女性都有3岁以下的婴幼儿，很多人成为全职妈妈也是因为这个理由。她们对开设0~3岁托儿所的愿望非常强烈，一致都认为，"非常有必要办托儿所"。只有这样，她们才能在休完产假后顺利重返职场。而且，希望开设普惠型托儿机构，能够负担相应费用。全职妈妈谢女士说：

3岁以下的托儿所，如果费用合理的话，肯定会送。如果费用太高，我一个月自己出去赚3000块钱，除了吃这些，孩子交2000多（元），还不如自己辞职在家带。

朱女士也对开办托儿所持非常积极的态度，她说：

你说两岁之前吧，可能觉得他不会吃饭什么的，但是这种不会

（吃饭）和正常幼儿园（的孩子）一样。（幼儿园）一个班不会超过10个孩子。我知道有一个私立的，（收费）1500~1600（元）吧，我朋友家小孩太皮，老人看不了，她自己看一天也都是头疼的受不了了，就把孩子送过去了，（孩子当时）1岁9个月。班里小孩最大的2岁，都是一开始不会吃饭，他们都得带着换洗衣服。开始老师就是一个一个喂。不要小瞧孩子，习惯了以后自己吃的可好了。三四个老师就看这么几个孩子，还是可以的，还多少能学点东西，现在上了有半年了，孩子很好的。如果能开些公办的托儿所就更放心了。再一个，要是能建在社区里就比较合适，第一个比较熟悉，第二个就是接送孩子这块也比较方便一些。

不过，也有部分女性认为没必要专门开办托儿所，可能主要是担心孩子的年龄太小，入托后存在较多的不安全因素。关于这一点，范女士这样谈道：

我觉得没有必要设，孩子自己不太会吃饭，自己大小便也弄不了。他（孩子）进去以后挺麻烦的。3岁之前，生活自理的能力最起码掌握以后，上学会好一点。不过，如果公办幼儿园能开设小小班就更放心一点，感觉私立的不行。

（3）课后托管难

由家长下班时间与孩子放学时间不一致带来的托管问题，已成为在职职工家庭的一大难题。全职妈妈李女士在谈到未来事业发展规划时，有一点顾虑就是孩子的课后托管问题。她谈道：

以后如果上班，肯定不可能说是三四点钟下班，我们下班五六点了，孩子4点可能就放学了，如果没有老人帮忙的话，肯定没法接孩子，这也是个问题。如果政府部门有更好的渠道帮着我们接送孩子什么的（就好了）。托管这块，如果是免费托管更好，比如下午四点半课堂这种的，帮我们把孩子接过来，然后到时候，家长下班了再来这儿接孩子，哪怕少收一些费用都可以，比私人的更放心一些。

另外，由于缺乏0~3岁的托幼服务，育儿嫂和保姆行情近几年不断上涨，导致双职工家庭的父母负担过重。而且由于缺乏有效的监管，保姆市场比较混乱，照料安全事件频发，民众对其社会信任度降低。顾虑到子女照料的安全，部分女性宁可中断职业回归家庭，亲自照料，陪伴孩子一起成长。

三　政策性别保护与现实性别歧视的就业困境

在当前社会情境下，国家实际上面临一个非常尴尬的两难境地：不对女性实施政策保护，女性就业权益就会受损，而越是强化对女性的保护政策，用人单位越可能利用各种借口回避女性（余秀兰，2014）。例如，《中华人民共和国妇女权益保障法》第27条规定："任何单位不得以结婚、怀孕、产假和哺乳等情形，降低女职工的工资，辞退女职工，单方解除劳动（聘用）合同或者服务协议。"这一保护女性的法规，实际上却成为歧视女性的基础，成为用人单位不雇用女性的理由，因为怀孕、产假和哺乳等都会加大用人成本，与其到时候冒风险辞退女职工，还不如根本就不招收女职工（佟新，2010）。所以，近年来，我们看到，在我国保护女性就业的政策不断完善的情况下，现实社会中的性别歧视现象依然存在，在市场经济条件下甚至有愈演愈烈之势，女性特别是母亲就业难问题凸显。在对全职妈妈的访谈中，许多女性都谈到了对未来重返职场后就业的各种担心和忧虑。

1. **用人单位的效益至上原则影响了男女不平等的就业机会**

特教学校校长王女士说：

我们这个学校比较特殊，孩子都是有各种残疾的，一个班8个孩子，就得有 3 个老师来保护，真的是一个萝卜一个坑。我现在最怕有女老师突然告诉我说怀孕了，那你怎么办？身体好的老师，还能顶一段儿。身体不好的，可能请假就走了。她请假走了以后，这个班你可不能放下，还得想办法调整老师，或者临时外聘老师。我们现在招聘的时候比较倾向于已经结婚并且有了孩子的这种。这个负担相对来说小一些。因为她已经解决（个人）问题了。我们招聘，第一个先招男老师，刚毕业的，后招女老师，就是考虑到生孩子的这个问题。生孩子至少得三年，孩子小的时候还容易生病，要是家里孩子一有病（女老师）就得请假，那这些事情很烦琐的。如果经常换老师，学生可能会很不适应，也担心学生家长会投诉学校。我们义务教育阶段的老师都坐班儿，都在坐班，和大学教师不一样，有课我来，没有课我可以不来。他们现在都是在做班儿。老师的一天很紧张的，没有更多的时间再投入到别的工作。这是我感觉的一个压力。

对用人单位来说，其效益至上原则与逐利性质决定了，其任何一项决定都是从单位利益出发所做的一种绝对理性的思考。随着"二孩"政策的实施，女性要面临两次产假、两次哺乳假的问题，单位的用人成本无疑会增加，负担会加重。若雇用女性能带来更高的收益，用人单位自然愿意招聘女性。但是，如果在雇用女性比雇用男性要付出更多的用人成本，而收益却可能很小的情况下，用人单位肯定愿意招聘男性。在座谈会中，一些用人单位表达了自身的想法。

幼儿园园长姚女士说：

因为我们之前招收应届的比较多，但是今年（2016）的趋势（是我们）面对定岗的困难。我们也是在考虑，尤其是对生活老师，因为生活老师本身这个定岗（职责）以环境卫生为主。但是现在，如果是来了很多年轻的，她要生二胎的话，我们就没办法。她对于生活卫生自己（都）没法打扫，我们还得找一个老师给她替补。我们也是有这个想法，如果再招聘的话就考虑到往届的了，因为往届的也有生二胎的，先询问，如果想生二胎的我们不予考虑。

董女士（某印花公司负责人，外资企业）谈到企业的苦衷：

我们企业，七八十个工人，95% 是女工。企业生产线，妇女回家生孩子，或者因为照顾孩子不能来上班，肯定要耽误，对企业来说肯定成本提高，你再培养一个新人，成本就更高了。我们这种企业性质，干才有工资，不干没有工资，单位还得给她缴保险。她空着岗，还没有生产力，我们要是真丢单了，生产不出来，那就是个大问题了，反正对企业来说负担挺重的。我们一年上缴利税 300 多万（元），对老板来说负担真是很重。还有，养老保险一年 100 万（元），公积金一年十几万（元）。现在网上招聘的就是已生育的优先，这个有点过分，但是现实就是这样，我们作为老板也是那么考虑，优先考虑生完孩子的，这是一个最主要的问题，企业很艰难地生存。

在目前我国的现实情境下，用人单位的各种"苦衷"确实普遍存在，经济效益、社会责任都是用人单位必须要面对、考虑和解决的现实问题。

2. 母亲身份、职业中断与职场歧视

在访谈中，能够感受到特别强烈的一点就是，对于一些全职妈妈，母亲的身份、职业中断的经历、年龄、工作经验、家庭状况、初始职业等一系列问题，可能会使其遭受多重歧视，更有在日益激烈的就业情势下被逐渐边缘化的问题。缺乏知识、资源、机会，劳动力市场中的性别歧视等，也是很多女性重返职场后被迫选择灵活性就业方式的重要原因之一。同时，目前对女性特别是全职妈妈的返岗就业支持比较缺乏，即使是有，要么是不太符合女性的需求，要么是浮于表面，难以达到切实

的效果。关于返岗培训，D 市 Z 区人社部门的负责人这样谈道：

关于妇女返岗培训项目，目前我们区主要针对妇女纺织服务、家政护理和月嫂等方向进行培训。没有专门根据失业妇女返岗培训这种项目。面临的困难，一个是组织难度比较大，育龄妇女不愿意集中组织培训，生育之后可能有一段时间需要照顾小孩，她的时间不一定是很固定的，她不是说周六、周日她有一段时间要集中精力照顾小孩儿就是其他的，还有一个是育龄妇女参与培训的意愿也不是很强。

一方面是全职妈妈对返岗培训的强烈需求，另一方面是相关部门的认识偏差。信息不互通，互不了解，造成了目前这种现实状况。

小　结

本章主要基于对定性资料的分析，探讨生育女性职业流动的心路历程与面临的现实困境问题。根据女性目前的就业状况将其分为全职妈妈群体、兼职工作母亲群体和全职工作母亲群体三种类型。

第一，全职妈妈群体。全职妈妈中断前的职业大多属于体制外就业，以灵活就业为主，保障较为缺乏，稳定性差。从职业流动的角度来看，其职业流动更容易受到婚育因素的影响，职业发展规划一定是首先考虑家庭，甚至"屈从"于家庭的安排。全职妈妈常常因需要抚育两个子女、子女年龄较小、陪伴孩子成长、职业发展受挫等而中断工作。这其中既有主动的选择，也有被动的放弃，但背后更多的是一种无可奈何。回归家庭的全职妈妈，面临育儿的经济压力，心理上的疲惫感、失落与不平衡感，身体健康状况不佳等一系列压力，但也能自我慰藉，寻找快乐。他们因为家庭原因暂时退出劳动力市场，等到合适的时机，会重返职场，大多希望在孩子"入园"以后再就业，这可能和我国3岁以下的托幼服务比较缺乏有很大关系。对于重返职场后的职业选择，大多数女性的职业选择期望还是以家庭为重心，希望能寻找一份兼顾家庭与事业、相对比较自由的工作。由于职业中断会造成工作经验积累的中断，性别、年龄、初育年龄、学历、职业中断前工作特征都会给全职妈妈带来一系列的"劣势积累"，使她们重返职场的焦虑感增强。另外，她们对于返岗培训，有着较为强烈的需求。

第二，兼职工作母亲群体。从生育情况来看，既有一孩家庭，也有二孩家庭，子女以学龄期儿童为主，其中二孩家庭中一般都有学龄前儿童。从工作类型来看，大多属于体制外就业，且以自由职业为主，这些职业相对比较灵活，收入比较可观，但缺乏就业保障与生育保障。兼职工作的灵活性特点提供了工作－家庭平衡的重要条件，家庭成员也提供了较大的照料支持，包括帮助料理家务、照顾孩子生活起居、接送孩子等。对于未来的人生规划，一部分女性愿意继续从事原来的工作，另一部分女性期待寻找一份比较稳定、有保障的工作。

第三，全职工作母亲群体。从生育情况来看，既有一孩家庭的女性，也有二孩家庭的女性。子女年龄大多是在12岁以下，以学龄前儿童为主。从工作类型来看，大多属于体制内就业，有着比较固定的工作时间、相对稳定的收入以及较好的生育保障，产假后一般能立即重返劳动力市场。对全职工作的女性来说，面对育儿与就业难题，在社会支持力量不足的情况下，只能利用家庭内部资源进行协调，寻找应对策略，特别是老人的鼎力相助，提供了最大的经济支持和照料支持。同时，与丈夫一起共担育儿责任。对全职工作母亲来说，目前仍然面临育儿的经济压力、照料压力和时间压力等多重压力。同时，生育给女性职业发展带来一些不利影响，如晋升机会的减少、重返职场的转岗问题、收入下降等。

　　第四，从生育女性面临的困境来看，主要包括以下几方面。一是男性父亲角色的缺失导致了生育责任的女性化，包括传统性别观念的束缚导致不平等的育儿责任、女性育儿的社会价值难以体现和被承认、生育政策的性别盲视将女性固化为唯一的生育责任承担者等。二是生育责任的家庭化。普遍缺少基本的生育保障，生育费用主要由家庭承担，托幼公共服务短缺，家庭育儿成本高。三是就业中的性别歧视。一些看似保护女性的法规，成为歧视女性的基础。用人单位的效益至上原则导致了男女不平等的就业机会，母亲身份、职业中断经历都会给女性重返职场带来一些不利影响。

第七章
研究发现与政策建议

本章主要是在前面章节对数据资料和实地调研资料分析的基础上，得出研究结论，并在此基础上提出相应的政策建议。

第一节　研究发现

本书运用第三期中国妇女社会地位调查的相关数据，并结合实地调研资料，从过程的角度探讨了生育对女性职业流动的影响问题。与以往研究相比，本书既印证了以往相关研究学者的部分发现，也有一些不同于以往的研究发现，这和我国的现实情境有着一定关系。本研究发现，生育行为对女性的职业中断经历、现职地位获得以及职业流动都产生了一定的影响。具体来说，本书的研究发现可以概括为以下几点。

1. 退出职场：生育增加职业中断经历

与男性相比，女性主要因家庭责任中断职业，中断职业比例较高，中断时间长。在因生育中断就业的女性中，生育二孩和有学龄前儿童的比重较大，常面临较为沉重的家务劳动负担，普遍缺少生育保障和照料支持。进一步分析发现，子女年龄和子女数量对女性职业中断的影响存在差异。具体来说，模型估计结果显示，在未加入控制变量以前，对于有 6 岁及以下子女和有 2 个孩子的女性来说，生育均显著提高了其职业中断发生的风险。在加入个人层面、家庭层面和生育政策支持层面的控制变量后，相对于没有 6 岁及以下子女的女性，有 6 岁及以下子女的女性的职业中断发生的风险，差异仍具有统计学意义。但是，这一风险会通过较高的人力资本水平、工作特征、子女照料支持、生育政策支持等而有所减少，其中，人力资本因素始终是一个强有力的解释变量。当将子女的年龄扩大至 12 岁，家庭中有 12 岁及以下子女显著增加了女性职业中断经历发生的风险，研究结果仍具有较强的稳健性。这一结果与目前国内外部分学者的研究结论基本一致，即有学龄前子女显著增加了女性从劳动力市场退出的可能性，然而这一影响会通过较高的工作质量、人力资源禀赋、儿童照顾服务和生育保障而有所减弱。女性退出劳动力市场与其初始职业声望分值之间存在负向关系，托幼服务的可及性差使很多低收入家庭女性也选择退出劳动力市场，等等。对于有两个子女的女性来说，在加入控制变量后，生育对其职业中断的影响未通过显著性检验，但反映了当前社会中的一些现实问题，即生育二孩带来的经济压力、时间压力和照料压力问题，可能会对女性的职业发展规划产生一定的影响。

2. 重返职场：生育影响现职获得

目前生育女性的职业发展的特征表现在：在就业状态层面，目前不在业女性比例较高，体制外就业女性所占比重较大；在职业获得与发展机会层面，女性的求职途径因年龄、学历、子女状况不同而呈现多样化特点，行业分布以商业服务业为主，职位层次相对较低，人力资本增加机会少，职业发展空间受到挤压；在收入层面，女性在生育后重返劳动力市场，常常会遭遇"母亲收入惩罚"，即与未生育的女性相比，生育女性的收入会减少；在就业保障层面，在职女性的工作时间相对较长，超时工作较为普遍，未签订劳动合同的女性比例较高，社会保障的覆盖率也有待进一步提高，职业福利供给量相对较少且覆盖范围狭窄；在就业满意度层面，满意度最高的是工作环境，其次是工作稳定性和劳动强度，对收入水平和发展前途的满意度较低。进一步分析，模型估计结果显示，在加入控制变量之前，子女年龄和子女数量对女性就业方式选择均具有显著正向影响。相对于体制内就业而言，有 3 岁及以下子女的女性选择体制外就业和不就业的发生率均高于没有 3 岁及以下子女的女性，有 2 个孩子的女性选择体制外就业和不就业的发生率也均高于有 1 个孩子的女性。在加入个人层面、家庭层面和政策支持层面的控制变量后，子女年龄和子女数量对女性就业方式选择仍具有显著正向影响。当将子女年龄扩大至 6 岁及以下时，这一结果仍具有较强的稳健性。同时，这些影响会通过女性较高的人力资本水平、工作特征和生育政策支持而有所减弱。另外，模型估计结果还显示，有 3 岁及以下子女对女性现职地位获得产生了显著负向影响，同时，这一负向影响会通过女性较高的人力资本水平、工作特征与子女照料支持而有所减弱，也会因女性因生育而中断职业经历以及家务劳动时间的增加而有所增强。从控制变量的情况来看，人力资本因素仍是一个强有力的解释变量，而子女照料支持对于缓解女性的工作－家庭冲突也起到了非常重要的作用。子女数量因素在加入控制变量后结果并未通过显著性检验，需要有待以后的研究进一步证实。这一结果与目前国内外学者的研究结论基本一致，子女数量与子女年龄、初始工作情况、因生育而中断职业经历、家务劳动时间、工作年限、家庭支持等因素均与她们的生育后的再就业选择状况密切相关，也由此部分验证了学者提出的工作投入假定、补偿性差异理论、人力资本贬值等相关理论解释。

3. 重返后的职业流动状况：生育影响职业流动方向

目前生育女性的职业流动特征主要表现在：女性更换工作的比例较

低；职业流动方向以水平流动为主；因生育而中断职业经历对女性职位流动有着较大影响；女性职位晋升中的"玻璃天花板"效应较为普遍。进一步分析，模型估计结果显示，相对于向上职业流动来说，有 3 岁及以下子女增加了女性职业向下流动的风险，这一影响会因家务劳动时间增加、有因生育而中断职业经历以及受教育年限长而有所增强，也会因女性的党员身份、更换工作情况、配偶收入、性别角色观念等而有所缓解。同时，有 2 个孩子增加了女性职业水平流动的概率，这一影响会因技术职称拥有情况和婴幼儿照料支持而有所增强，也会因为工作年限、工作更换情况、因生育而中断职业经历、家务劳动时间等而产生一定的抑制作用。当将子女的年龄扩大至 6 岁及以下时，研究结论仍基本一致，说明研究结果具有较强的稳健性。总体来看，这些结论与国内外一些学者的研究结论是一致的，也部分验证了学者提出的人力资本贬值理论、工作投入假定、二元劳动力市场分割理论等理论解释。因生育造成的"职业空窗期"或人力资本受损会影响女性重返职场后的职业选择，选择体制外就业方式往往会经历向下的职业流动，家务劳动时间的增加也会增加女性经历向下流动的风险；子女照料支持对于女性减轻抚育压力、继续从事原有工作提供了强有力支撑。

4. 全职妈妈、兼职工作母亲和全职工作母亲有着各自独特的职业流动心路历程

对全职妈妈群体来说，其中断前的职业大多属于体制外就业，以灵活就业为主，保障较为缺乏，稳定性差；其职业流动更容易受到婚育因素的影响，职业发展规划一定是首先考虑家庭，甚至"屈从"于家庭的安排。全职妈妈常常因需要抚育两个子女、子女年龄较小、陪伴孩子成长、职业发展受挫等而中断工作。大多希望在孩子"入园"以后再重返职场，未来的职业选择期望还是以家庭为重心，希望能寻找一份兼顾家庭与事业、相对比较自由的工作，但是对于重返职场的焦虑感较强。对兼职工作的母亲群体来说，她们大多以灵活就业为主，收入比较可观，但缺乏就业保障与生育保障。灵活就业的特点提供了女性工作 - 家庭平衡的重要条件，当然，家庭成员也提供了较大的照料支持，包括帮助料理家务、照顾孩子生活起居、接送孩子等。对于未来的人生规划，一部分女性愿意继续从事原来的工作，另一部分女性期待寻找一份比较稳定、有保障的工作。对全职工作的母亲群体来说，她们大多属于体制内就业，有着比较固定的工作时间、相对稳定的收入以及较好的生育保障，产假后一般立即重返劳动力市场。面对育儿与就业难题，她们主要利用家庭内部资源进行协调，特别是老人的鼎力相助，提供了最大的经济支持和照料支持。同时，她们与丈夫一起共担育儿责任。目前，她们仍然面临育儿的经济压力、照料压力和时间压力，以及晋升机会减少、重返职场的转岗、收入下降等问题。三类群体目前面临的共同现实困境包括：一是男性父亲角色的缺失导致了生育责任的女性化；二是生育责任的家庭化，生育费用主要由家庭承担，育儿成本高；三是就业中的性别歧视。一些看似保护女性的法规，成为歧视女性就业的基础。用人单位的效益至上原则导致了男女不平等的就业机会，母亲身份、因生育而中断职业经历都会给其重返职场带来一些不利影响。

第二节　相关政策建议

生育和抚育子女不仅仅是个人和家庭的责任，更是国家和社会的责任。要保障女性的生育权和平等就业的权利，减轻家庭责任和就业所赋予女性的双重负担，实现女性在育儿与工作方面的平衡，减少女性职业中断和向下职业流动的风险，需要政府、市场、社会、家庭等多方力量共同参与、协商与合作，建立完善的生育与就业支持体系和服务。相关政策建议有以下几点。

1. 促进男女性别观念的现代转型，营造和谐平等的性别文化

从前面章节的数据分析可以看出，在城镇地区，传统性别观念影响着人们对女性生育与就业价值的正确认识与评判，影响家庭中女性行为的选择，使女性难以获得与男性同等的权利与参与发展的机会。这种不平等的社会性别文化，最终导致了女性在重返劳动力市场后的劣势地位累积与职业发展的艰辛。可见，要从根本上消除性别差距，实现平等，最根本的途径是，要摒弃传统角色规范，促进其由传统到现代的转型，在全社会营造一个和谐、平等、公正的社会性别观念体系，促进男女两性的共同发展。总体来看，目前我国男女两性的性别观念处于传统与现代的过渡阶段。研究指出，作用于两性性别观念的机制有所不同，对男性而言，夫妻间平等承担家务更能促进其现代性别观念的形成；对女性而言，通过自身努力获得的受教育机会、职业与政治身份更能促进其现代性别观念的形成（刘爱玉、佟新，2014）。

（1）促进女性赋权，增强女性争取平等的能力

赋权于女性，是实现女性在家庭和社会中的平等地位和权利的基础和先决条件。为女性赋权，首先要冲破传统社会性别文化的束缚，树立平等的社会性别意识，认识到自己作为一个人的权利以及与社会和家庭中其他成员的平等、合作关系（谭琳、陈卫民，2001：196）；其次要增加女性受教育的机会和提高她们的受教育水平，让更多的职业中断女性重拾信心，尽早重返劳动力市场，提高就业率和就业质量，促进职业发展；最后要培养女性勇于挑战种种社会不平等、维护自身权利的意识与能力。

（2）增强对育儿劳动的社会价值的认知

育儿是一项需要投入较多时间和精力的活动，女性承担的由育儿带来的家务劳动的经济价值和社会价值，在现实社会中往往得不到应有的承认。家务劳动的价值个人要认可，家庭要认可，社会更要认可，承认做家务劳动的妇女所付出的时间成本和机会成本，从而促使有关家务劳动分工的不平等的社会规范向平等的方向转变，这对提高妇女地位、改善妇女发展环境具有十分重要的意义（谭琳、陈卫民，2001：103～107）。同时，承认照顾劳动的价值，赋予其在家庭生活中一个客观的、真实的、准确的、应有的定位，也体现了女性生育的社会意义。在这方面我们可借鉴德国的经验。德国的《家庭法》依据公平原则，在婚姻的一般效力上将家务劳动与职业生活置于同一层面，并明确规定在婚姻家庭生活范围内，家务劳动是一种职业。显然，在法律上肯定家务劳动的价值和职业性，改变了家务劳动是一种与性别相联系的私人性、无偿性的劳动的观念（何群，2008）。这样，女性在家务劳动中同样能得到社会的认可和自我价值的实现。

（3）转变性别观念，培养男女家庭责任共担意识

育儿不只是女性的责任，男性作为父亲的角色也非常重要。目前我国关于产假的规定主要是针对女性，而政策设计中对男性责任的关注明显不足。2016年，我国多个省份相继延长产假，在原来98天产假的基础上再增加30天。重庆市更有"产假期满后可连续休假至子女一周岁止"的规定。单纯延长女性的产假时间，表面上有利于减轻女性育儿与工作的负担，但实际上不利于女性顺利重返劳动力市场，还可能强化男女在事业和家庭上的传统角色分工。有学者利用德国的相关数据探讨了父亲享受育儿假的重要性，研究发现，相比休育儿假之前，休完育儿假后，父亲平均每周花在工作上的时间减少了4小时左右，而他们每天花在照料、陪伴、教育孩子上的时间增加了1小时，育儿假时间越长，分配到家庭的时间就越多（Bünning，2015）。而在我国，尽管许多省份在人口与计划生育规定中都有男性陪产假或护理假的明确规定，但时间相对较短（最少7天，最长30天），而且实际执行效果不太理想，许多男性因各种因素制约并未享受到，也难以满足其对子女照料的需求。今后，可以借鉴北欧福利国家的经验，国家通过政策倡导或强制性立法改变传统的性别角色分工模式，逐步推行男女共同享受的带薪育儿假，提升父亲在子女成长过程中的角色投入，为女性平衡工作家庭创造有利条件，减少女性因育儿中断工作或发生向下职业流动的风险，也改变目前男性在育儿责任中的"缺席"问题。

2. 将社会性别意识纳入决策主流，建构具有社会性别敏感性的社会政策支持和服务体系

基于女性作为公民、就业者、照顾者等不同身份与角色，考虑其社会需求和权利，将社会性别意识纳入决策主流，扩大国家对家庭的责任，通过制度安排、政策支持与服务提供，营造一个关怀女性和性别平等的支持性政策环境，保障女性在家庭与就业之间有较多的自由选择权，保证女性在劳动力市场上的较高参与率。

（1）从生育责任的女性化和家庭化走向生育问题公共化

生育不仅仅是个人和家庭的责任，更是国家和社会的责任，必须充分认识女性生育的社会价值和意义，从目前育儿责任的女性化和家庭化逐步走向育儿问题的公共化，强化国家的生育责任，减轻女性和家庭的育儿负担，真正增强生育政策调整的社会意义，实现人口、社会和经济的协调发展。首先，建立支持学龄前儿童抚育的国家制度，在九年义务教育已经实现的基础上，将学龄前儿童抚育纳入义务教育之中（佟新、杭苏红，2011），统一规划实施。其次，建立育儿津贴制度，为所有有学龄前子女和婴幼儿的家庭发放育儿津贴，减轻育儿经济压力，亦体现女性的生育价值。最后，充分遵从传统文化对育儿责任的影响，实现国家责任与家庭责任的有机整合。中国社会历来有祖父母辈照顾孙辈的传统，当女性遭遇工作－家庭冲突问题时，也习惯于通过家庭内部的协调解决育儿问题。因此，应在充分尊重传统文化的基础上，制定能有效兼顾女性育儿与就业平衡的福利政策和制度。

（2）提高家务劳动的社会化程度

家务劳动社会化，是指为满足家庭成员自身生存、维系家庭诸功能所必需的各项家务劳动，逐步转化为社会组织提供的社会化服务的过程（潘萍，2016）。其目的是改变传统的性别分工观念，把女性从繁重的家务劳动中解放出来。这既有利于建立和谐平等的性别关系，也可促进女性实现工作－家庭的平衡。同时，还可缓解我国巨大的就业压力，增加或创造一些就业岗位。目前我国家务劳动社会化程度相对较低，仍以家庭内自我服务为主，尤其是在双薪家庭中，面对家庭照顾的压力，女性往往是通过牺牲学习或休闲时间、比男性分担较多家庭事务来弥补社会服务的不足。而在一些低收入家庭中，由于经济条件的限制，无力购买社会化服务，女性只能付出更多，甚至放弃事业回归家庭。

第一，大力发展公共托幼服务，满足女性和家庭的育儿照料需求。根据德国、法国、丹麦等欧洲国家的经验，相较于产假，职业母亲更倾向于利用儿童照料服务，提供儿童照料服务要比育儿假更有效，它可以在很大程度上降低生育给女性就业和职业发展带来的负面影响（吴帆，2016b）。也就是说，托幼方面的社会支持，既能减轻女性在就业和育儿之间时间分配的压力，又有助于将一部分育儿的家庭内劳动社会化，不仅女性和家庭受益，也有利于人口和社会经济的协调发展（郑真真，2016）。目前在我国城镇地区的双薪家庭中，存在的一个育儿重大现实难题，就是从女性休完产假到子女 3 岁入幼儿园之前，有一个婴幼儿照料的"空窗期"，许多女性因缺少育儿支持而不得不回归家庭，放弃职业发展。因此，解决学龄前儿童尤其是 3 岁之前婴幼儿的照料问题，是女性平衡育儿与就业的关键因素。目前我国适合 3～6 岁的托幼机构供不应求，公办幼儿园优质学位尤其紧缺，民办幼儿园收费较高，给中低收入家庭的女性带来了较大经济压力。同时，适合 0～3 岁子女的托幼设施更少，随着全面"二孩"和"三孩"政策的实施，入托难、入园难、入园贵问题必定会愈加凸显。从具体措施来看，首先，进一步加大对托幼设施和服务的投入力度，增加学前教育资源总量，特别是在需求量较大的传统单位社区或新建小区，通过改、扩建或新建方式举办普惠性幼儿园和托儿所，提高育儿支持的可及性和便捷性。其次，提高 0～3 岁托幼服务的质量。在实地调研过程中，大多数家庭尽管有强烈的育儿社会化支持需求，但仍对子女进入托幼机构表现出一定的担心和顾虑，由于子女年龄较小、适应能力差，父母对师资力量、硬件条件等方面的焦虑较多，矛盾心理较为普遍，因此特别需要政府加大对 0～3 岁托幼机构的支持力度，提高服务的质量。最后，为使家庭享受到质优价廉的家政工育儿照料服务，要加强政府监管，规范目前质量不一的家政服务市场，提高公众对家政工的信任度，提高儿童照料的安全性。

第二，完善社区公共服务设施，提高社区公共服务水平。当前家庭压力的主要来源除了育儿，还有一大压力来自养老照顾。可以充分利用社区的优势，在社区范围内建立具有福利性质的家庭服务中心，集中提供儿童上下学接送、小学生课外辅导、老人日间照顾、老年人居家养老服务、家政服务、家庭应急响应等服务（刘云香、朱亚鹏，2014：80～98）。这些社会化的服务可以在一定程度上减轻家庭照顾的压力和缓解多重角色冲突。

（3）不断完善生育保险制度，扩大覆盖范围，提高生育保障水平

良好的生育保障制度是女性生育价值和社会地位的重要体现，也可以更好地保障女性与男性享受平等的就业机会。从前述章节数据分析的结果以及实地调研资料可以看出，目前我国的生育保险制度存在两个方面的问题，一是覆盖面较窄，享受生育保险的对象主要是拥有本地非农业户口的女职工，灵活就业人员和未就业人员很难享受得到；二是保障水平较低，这从女性自我承担生育费用的比例以及生育津贴水平可以证明。全面"二孩"和"三孩"政策的实施，生育二孩、三孩女性人数的增多，将会带来生育保险基金支出的增加，生育保险费率的降低又会导致生育保险基金收入的减少。2017年初，国务院办公厅印发了《生育保险和职工基本医疗保险合并实施试点方案》。在此新形势下，如何通过完善制度来确保女性权益维护、落实好待遇是需要重点关注的问题。在未来的顶层设计和政策实践中，生育保险基金应由政府托底，这对于切实减轻用人单位负担，保障生育保险基金的良性运行尤为重要，建议生育保险基金完全由用人单位缴费改由用人单位缴费和政府财政补贴组成。同时，逐步将灵活就业人员、未就业女性等群体纳入生育保险覆盖范围，争取覆盖所有生育主体，做到应保尽保（张永英、李线玲，2015），并不断提高住院分娩费用的报销比例和生育津贴水平。也就是说，从长远目标来看，应将生育保险制度逐步转化为一种普惠型的基本保障制度，使其与户口和职业相分离，真正体现女性生育的社会价值，保障女性权益，促进女性公平就业。

（4）为生育女性提供返岗培训等就业服务，完善就业创业支持政策

当生育中断女性重返劳动力市场时，大多会面临调岗、转岗甚至重新就业问题，目前我国多数地方还没有专门针对生育女性返岗开展的培训项目。为使女性更快、更好地熟悉和适应新岗位，政府部门应采取有效措施，做好生育中断女性的返岗培训工作。可通过向社会组织购买服务等多种方式，基于女性自身特点和岗位需求，开展有针对性的返岗培训，免费提供各种专业技能提升等就业服务。同时，完善积极的就业创业支持政策，特别要加大对女性灵活就业、新就业形态的支持力度，通过税费减免、小额担保贴息贷款、跟踪指导等扶持政策，推动女性在新兴行业或产业创业就业。对于大龄就业困难女性，要积极开展就业援助，大力开发公益性岗位，扶持女性顺利实现就业。

（5）从用人单位层面来说，倡导其创造家庭友好型工作环境以帮助女性平衡工作－家庭冲突

具体包括对抚育者的照顾政策，特别是为照顾孩子员工提供的幼儿园、可带孩子上班的政策，弹性工资开支、弹性工时、家庭休假、电脑办公、家属福利等政策（佟新，2012）。这样，创新工作环境、实行灵活就业方式可以让女性继续留在劳动力市场上，降低职业中断的风险。

此外，从促进平等就业的角度来看，今后应不断完善相关的法律法规、政策，尽快制定"反就业歧视法"，为女性创造良好的政策环境，保障其就业权利的顺利实现。

结　语

　　整体来看，本书依据第三期中国妇女社会地位调查的相关数据，以及实地调研资料，运用定量和质性相结合的研究方法，从职业中断、现职地位获得、职业流动方向等方面深入分析了生育行为对女性职业流动的影响，以及女性因生育而带来的职业流动的心路历程和面临的现实困境。在目前生育政策调整完善的背景下，本书的研究结论可以为相关政策的制定提供一定的现实依据。由于学术功底、资料等方面条件的限制，本书的研究还存在一些不足之处，很多内容需要继续深化探讨。

　　由于本书主要是基于前期已有调研及相应的数据资料而展开，虽然调研所使用的问卷对本书所关注的问题多有涉及，且题项设置也比较合理和规范，但仍然不够全面，有些方面的重要问题还没有涵盖到，因此对研究结论的准确性会产生一定的影响。比如，调查数据未提供女性生育之前的职业、收入等相关信息，而只能选用初始职业作为替代变量来分析生育对女性职业地位改变的影响。因此，对于那些更换过工作，初始职业与生育之前的职业并不一致的女性，所做的统计估计可能会有偏差。同时，样本规模虽然较大，但有两个孩子及以上的家庭样本量相对较少，在一定程度上影响了统计分析的结果。再有，对于家庭成员提供的托幼照料支持，问卷中只有关于3岁之前婴幼儿照顾的题项设置，对于3～18岁的育儿支持没有涉及，这也会在一定程度影响统计估计的结果。另外，受一些条件的限制，在选择调查对象进行深度访谈时，并不能完全涵盖各种不同的类型，访谈个案的典型性特征难以完全保证，这对研究的结论也会产生一些影响。以上这些问题，都有待作者在以后的研究中进一步解决，包括在后续研究中收集更为详细的数据资料，对定性资料进行更全面、更深入的解读。

我们知道，育儿是一个长期的过程，这也就意味着其对女性职业流动的影响也是长期的，本书只是从相对静态的视角探讨了生育对女性职业流动产生的影响，缺乏历时性的深入考察，也缺乏性别差异的比较分析，因此对研究结论的准确性都会产生一定的影响。这也为今后的研究提供了一个努力的方向。随着女性受教育程度的提高，初育年龄普遍推迟，育儿对女性长期就业轨迹产生的影响是今后需要关注的一个重要研究内容。同时，随着全面二孩、三孩政策的实施，女性可能会面临更加严峻的育儿压力与就业压力，如何保护女性的生育权与就业权顺利实现，也是今后需要重点关注的一项内容。

参考文献

0～3岁儿童养育公共服务与政策支持课题组，2017，《0-3岁儿童养育公共服务与政策支持探析》，《中国人口报》1月23日，第003版。

包蕾萍，2005，《生命历程理论的时间观探析》，《社会学研究》第4期。

陈向明，1996，《社会科学中的定性研究方法》，《中国社会科学》第6期。

陈晓云，2001，《论危机干预中社会支持网络的作用》，《福建公安高等专科学校学报》第6期。

第三期中国妇女社会地位调查课题组，2011，《第三期中国妇女社会地位调查主要数据报告》，《妇女研究论丛》第6期。

杜凤莲，2008，《家庭结构、儿童看护与女性劳动参与：来自中国非农村的证据》，《世界经济文汇》第2期。

杜凤莲、董晓媛，2010，《转轨期女性劳动参与和学前教育选择的经验研究》，《世界经济》第2期。

方曙光，2012，《社会支持理论视域下失独老人的社会生活重建》，《国家行政学院学报》第4期。

风笑天，2009，《社会研究方法》（第三版），中国人民大学出版社。

付光伟，2012，《城镇非正规就业女性家务劳动与工资收入关系研究》，《山东女子学院学报》第2期。

顾辉，2013，《城市职业女性职位晋升影响因素分析》，《调研世界》第

9 期。

国家卫生计生委家庭司，2015，《中国家庭发展报告》，中国人口出版社。

郝娟，2015，《低生育率背景下女性劳动参与水平、特点及变动趋势》，《陕西师范大学学报》（哲学社会科学版）第 1 期。

何群，2008，《论德国家庭法上的家务劳动及其启示》，《政治与法律》第 4 期。

黄桂霞，2014，《生育支持对女性职业中断的缓冲作用》，《妇女研究论丛》第 4 期。

加里·斯坦利·贝克尔，1998，《家庭论》，王献生、王宇译，商务印书馆。

蒋美华，2009，《当代中国社会转型过程中女性职业变动的现状审视》，《郑州大学学报》（哲学社会科学版）第 1 期。

蒋永萍，2007，《重建妇女就业的社会支持体系》，《浙江学刊》第 2 期。

蒋永萍、杨玉静，2012，《发展社会公共服务支持女性平衡工作与家庭》，《中国妇女报》2 月 28 日，第 B01 版。

金一虹，2013，《社会转型中的中国工作母亲》，《学海》第 2 期。

考斯塔·艾斯平－安德森，2003，《福利资本主义的三个世界》，郑秉文译，法律出版社。

乐君杰、屈利娟，2007，《就业机会成本对城镇地区已婚妇女择业行为的影响分析》，《浙江社会科学》第 3 期。

李春玲，2005，《当代中国社会的声望分层——职业声望与社会经济地位指数测量》，《社会学研究》年第 2 期。

李春玲、吕鹏，2008，《社会分层理论》，中国社会科学出版社。

李芬、风笑天，2016a，《照料"第二个"孙子女？——城市老人的照顾意愿及其影响因素研究》，《人口与发展》第 4 期。

李芬、风笑天，2016b，《"对母亲的收入惩罚"现象：理论归因和实证检验》，《社会学研究》第 3 期。

李强，2009，《完善社会学的定量研究和定性研究》，《中国社会科学报》10 月 18 日。

梁樱，2016，《工作状态对城镇已婚女性精神健康的影响——基于 CSS 2013 的实证分析》，《妇女研究论丛》第 4 期。

刘爱玉、田志鹏，2013，《性别视角下专业人员晋升路径及因素分析》，《学海》第 2 期。

刘爱玉、佟新，2014，《性别观念现状及其影响因素——基于第三期全国妇女地位调查》，《中国社会科学》第 2 期。

刘爱玉、佟新、付伟，2015，《双薪家庭的家务性别分工：经济依赖、性别观念或情感表达》，《社会》第 2 期。

刘爱玉、佟新、傅春晖，2013，《人力资本、家庭责任与行政干部地位获得研究》，《江苏行政学院学报》2013 年第 3 期。

刘世敏、刘淼，2015，《女性职业发展中"玻璃天花板"效应》，《东岳论丛》第 4 期。

刘云香、朱亚鹏，2014，《中国的"工作－家庭"冲突：表现、特征与出路》，载岳经纶、斯坦·库纳、颜学勇主编《工作－生活平衡：理论借鉴与中国现实》，格致出版社、上海人民出版社。

陆建民，2011《高学历女性职业发展中被放大的性别负效应及对策研究》，《中国妇运》第 3 期。

遑进、周惠民，2012，《人力资本理论：回顾、争议与评述》，《西北人口》第 5 期。

吕利丹，2016，《新世纪以来家庭照料对女性劳动参与影响的研究综述》，《妇女研究论丛》第 6 期。

罗斯玛丽·帕特南·童，2002，《女性主义思潮导论》，艾晓明译，华中师范大学出版社。

马蔡琛、刘辰涵、张莉，2012，《促进女性职业发展的财税政策支持》，《中国人口报》9月10日，第003版。

妮娜·贝文，2014，《当代挪威福利国家中的性别平等及面向已育女性的政策》，李淑君译，载岳经纶、斯坦·库纳、颜学勇主编《工作－生活平衡：理论借鉴与中国现实》，格致出版社、上海人民出版社。

倪赤丹，2013，《社会支持理论：社会工作研究的新"范式"》，《广东工业大学学报》第3期。

潘锦棠，2015，《向公共家庭政策要妇女公平就业权利》，《湖南师范大学社会科学学报》第1期。

潘萍，2016《论家务劳动及其社会化与妇女解放》，《湘潭大学学报》第5期。

潘镇、陈亚勤，2012，《中国情景下工作－家庭冲突与离职倾向的关系》，《企业经济》第12期。

皮埃尔·布尔迪厄，2002，《男性统治》，刘晖译，海天出版社。

卿石松，2017，《性别角色观念、家庭责任与劳动参与模式研究》，《社会科学》第11期。

邱亚君，2007，《基于文化因素的中国女性休闲限制模型构建》，《中国体育科技》第4期。

塞维·苏美尔，2014，《斯堪的纳维亚与欧盟的"工作－家庭协调"政策过程：批判性的回顾》，王超译，载岳经纶、斯坦·库纳、颜学勇主编《工作—生活平衡：理论借鉴与中国现实》，格致出版社、上海人民出版社。

沈可、章元、鄢萍，2012，《中国女性劳动参与率下降的新解释：家庭结构变迁的视角》，《人口研究》第5期。

宋健、周宇香，2015，《中国已婚妇女生育状况对就业的影响——兼论经济支持和照料支持的调节作用》，《妇女研究论丛》第4期。

宋丽玉、曾华源、施教裕、郑丽珍，2002，《社会工作理论——处遇模式与案例分析》，台北：洪叶文化事业有限公司。

宋全成、文庆英，2015，《我国单独二胎人口政策实施的意义、现状与问题》，《南通大学学报》第 1 期。

宋秀岩主编，2013，《新时期中国妇女社会地位调查研究》（上卷），中国妇女出版社。

宋月萍，2007a，《职业流动中的性别差异：审视中国城市劳动力市场》，《经济学》（季刊）第 2 期。

宋月萍，2007b，《中国农村儿童健康状况的性别差异及其影响因素分析》，博士学位论文，南开大学。

谭琳、陈卫民，2001，《女性与家庭：社会性别视角的分析》，天津人民出版社。

谭琳、李军锋，2003，《我国非正规就业的性别特征分析》，《人口研究》第 5 期。

佟新，2010，《国家、政策和性别歧视》，《中国工人》第 11 期。

佟新，2012，《平衡工作和家庭的个人、家庭和国家策略》，《江苏社会科学》第 2 期。

佟新、杭苏红，2011，《学龄前儿童抚育模式的转型与工作着的母亲》，《中华女子学院学报》第 1 期。

佟新、周旅军，2013，《就业与家庭照顾间的平衡：基于性别和职业位置的比较》，《学海》第 2 期。

王春光，2003，《中国职业流动中的社会不平等问题研究》，《中国人口科学》第 2 期。

王存同、余姣，2013，《"玻璃天花板"效应：职业晋升中的性别差异》，《妇女研究论丛》第 6 期。

王萍，2002，《已婚妇女劳动力供给行为研究》，《经济问题探索》第

6 期。

王思斌，2001，《中国社会的求 – 助关系——制度与文化的视角》，《社会学研究》第 4 期。

王永明，2011，《女性休闲及其价值诉求》，《山西师大学报》第 6 期。

王兆萍、张健，2015，《无酬家务劳动价值的新估算》，《统计与决策》第 5 期。

王忠，2012，《性别经济学》，科学出版社。

吴帆，2016a，《全面放开二孩后的女性发展风险与家庭政策支持》，《西安交通大学学报》（社科版）第 6 期。

吴帆，2016b，《家庭政策支持：全面二胎放开后人口均衡发展的实现路径》，《广东社会科学》第 4 期。

吴贵明，2010，《探析中国女性职业选择与职业发展特点》，《福建商业高等专科学校学报》第 2 期。

吴小英，2014，《主妇化的兴衰——来自个体化视角的解释》，《南京社会科学》第 2 期。

吴愈晓，2010，《影响城镇女性就业的微观因素及其变化：1995 年与 2002 年比较》，《社会》第 6 期。

吴愈晓，2011，《劳动力市场分割、职业流动与城市劳动者经济地位获得的二元路径模式》，《中国社会科学》第 11 期。

吴愈晓、王鹏、黄超，2015，《家庭庇护、体制庇护与工作家庭冲突——中国城镇女性的就业状态与主观幸福感》，《社会学研究》第 6 期。

谢菊兰、马红宇、唐汉瑛、申传刚，2015，《性别对工作→家庭冲突的影响机制：基于社会角色理论的实证分析》，《心理科学》第 1 期。

谢宇，2006，《社会学方法与定量研究》，社会科学文献出版社。

熊跃根，2012，《国家、市场与家庭关系中的性别与公民权利配置：如何理解女性在就业与家庭之间的选择自由?》,《学习与实践》 第 1 期。

熊跃根,2013,《女性主义论述与转变中的欧洲家庭政策——基于福利 国家体制的比较分析》,《学海》 第 2 期。

许琪,2016,《中国人性别观念的变迁趋势、来源和异质性》,《妇女研 究论丛》 第 3 期。

许琪、戚晶晶,2016,《工作 - 家庭冲突、性别角色与工作满意度》, 《社会》 第 3 期。

许艳丽、谭琳,2002,《论性别化的时间配置与女性职业发展》,《中华 女子学院学报》 第 6 期。

杨菊华,2016,《健全托幼服务,推动女性工作与家庭平衡》,《妇女研 究论丛》 第 2 期。

杨菊华、扈新强、杜声红,2016,《家庭友好政策有助落实"普二"新 政》,《中国社会科学报》9 月 22 日,第 005 版。

杨立雄,2013,《可将生育保险变为生育福利》,《中国社会保障》 第 10 期。

杨昭宁,1999,《个体应对紧张情境的两种理论述评》,《心理学探新》 第 3 期。

余秀兰,2014,《女性就业政策保护与现实歧视的困境及出路》,《山东 社会科学》 第 3 期。

於嘉、谢宇,2014,《生育对女性工资率的影响》,《人口研究》 第 1 期。

岳经纶、颜学勇,2014,《工作 - 生活平衡:欧洲探索与中国观照》, 载岳经纶、斯坦·库纳、颜学勇主编《工作 - 生活平衡:理论借 鉴与中国现实》,格致出版社、上海人民出版社。

张丽珣,2013,《基于社会支持理论的女性高层专业技术人才职业发展研究》，载《第三期中国妇女社会地位调查论文集》，中国妇女出版社。

张樨樨、杜玉帆，2019，《全面"二孩"政策背景下生育对城镇女性职业中断的影响研究》，《华东师范大学学报》第 1 期。

张翼，2004，《中国人社会地位的获得——阶级继承和代内流动》，《社会学研究》第 4 期。

张永英、李线玲，2015，《新形势下进一步改革完善生育保险制度探讨》，《妇女研究论丛》2015 年第 6 期。

郑丹丹，2011，《女性主义研究方法解析》，社会科学文献出版社。

郑真真，2016，《实现就业与育儿兼顾需多方援手》，《妇女研究论丛》第 2 期。

郑震，2016，《社会学方法的综合——以问卷法和访谈法为例》，《社会科学》第 11 期。

周云、郑真真，2015，《妇女、时间与生育》，《北京大学学报》（哲学社会科学版）第 5 期。

Aisenbrey, S. , Evertsson, M. , Grunow, D. 2009. " Is There a Career Penalty for Mothers' Time Out? A Comparison of Germany, Sweden and the United States. " *Social Forces* 88(2) : 573 −605.

Anderson, D. J. , Blinder, M. , Krause, K. 2003. "The Motherhood Wage Penalty Revisited: Experience, Heterogeneity, Work Effort and Work Schedule Flexibility. " *Industrial and Labor Relations Review* 56(2) : 273 − 294.

Baum, C. L. 2002a. " The Effect of Work Interruptions on Women's Wages. " *Labour* 16(1) : 1 −37.

Baum, C. L. 2002b. "A Dynamic Analysis of the Effect of Child Care Costs on the Work Decisions of Low − Income Mothers with Infants. " *Demog-*

raphy 39(1): 139 −164.

Bianchi, S. M. 2000. "Maternal Employment and Time with Children: Dramatic Change or Surprising Continuity?" *Demography* 37(4): 401 −414.

Booth, A. , & Van, O. J. 2008. "Job Satisfaction and Family Happiness: the Part −Time Work Puzzle. " *Economic Journal* 118(526): 77 −99.

Booth, A. , & Van, O. J. 2009. "Hours of Work and Gender Identity: Does Part −Time Work Make the Family Happier?" *Economica* 76(301): 176 − 196.

Brinton, M. C, Lee, Y. J. , & Parish, W. 1995. "Married Women's Employment in Rapidly Industrializing Societies: Examples from East Asia. " *The American Journal of Sociology* 100(5): 1099 −1130.

Budig, M. J. , & England, P. 2001. "The Wage Penalty for Motherhood. " *American Sociological Review* 66(2): 204 −225.

Budig, M. J. 2003. "Are Women's Employment and Fertility Histories Interdependent? An Examination of Causal Order Using Event History Analysis. " *Social Science Reseach* 32(3): 376 −407.

Bünning, M. 2015. "What Happens after the ' Daddy Months' ? Fathers' Involvement in Paid Work, Childcare, and Housework after Taking Parental Leave in Germany. " *European Sociological Review* 31(6).

Cabrera, E. F. 2007. "Opting Out and Opting In: Understanding the Complexities of Women's Career Transitions. " *Career Development International* 12(3): 218 −237.

Cohany, S. R. , Sok. E. 2007. "Trends in Labor Force Participation of Married Mothers of Infants. " *Monthly Labor Review* 130(2): 9 −16.

Coltrane, S. 2010. "Gender Theory and Household Labor. " *Sex Roles* 63 (11): 791 −800.

Cramer, J. 1980. "Fertility and Female Employment: Problems of Causal Direction. " *American Sociological Review* (45) : 167 −190.

Desai, S. , Waite, L. 1991. "Women's Employment during Pregnancy and after First Birth: Occupational Characteristics and Work Commitment. " *American Sociological Review* 56(4) : 551 −566.

Domènech, M. G. 2005. "Employment Transitions after Motherhood in Spain. " *Labour* 19(S1) : 123 −148.

Elder, G. H. Jr. 1998. "The Life Course and Human Development. " *Handbook of Child Psychology* (1) : 939 −991.

Engelhardt, H. , Kögel, T. , Prskawetz, A. 2004. "Fertility and Women's Employment Reconsidered: A Macro −Level Time −Series Analysis for Developed Countries, 1960 −2000. " *Population Studies* 58(1) : 109 −120.

Eurostat Yearbook. 2009. Available on line, http: // eep. eurostat. ec. europa. eu/ statistics_ explained/index. php/Europe_ in_ figures_ Eurostat_ yearbook.

Felmlee, D. H. 1993. "The Dynamic Interdependence of Women's Employment and Fertility. " *Social Science Research* (22) : 333 −359.

Filer, R. K. 1985. "Male −Female Wage differences: The Importance of Compensating Differentials. " *Industrial and Labor Relations Review* 38(3) : 426 −437.

Goldin, C. 2002. "A Pollution Theory of Discrimination: Male and Female Differences in Occupations and Earnings(Z) . " *National Bureau of Economic Research Working Paper* (8985) , Cambridge, M. A. Available at: http: // www. loc. gov/catdir/toc/fy0703/2005055256. html.

Gould, E. 2004. "Decomposing the Effects of Children's Health on Mother's Labor Supply: Is It Time or Money? " *Health Economics* 13(6) : 525 −541.

Greenhalgh, C. , Stewart, M. 1982. " Occupational Status and Mobility of

Men and Women(Z). "*Warwick Economic Research Paper* 37(211).

Greenhaus, J. H. , Parasuraman, S. , and Collins, K. M. 2001. "Career Involvement and Family Involvement as Moderators of Relationships between Work — family Conlict and Withdrawal from a Profession. "*Journal of Occupational Health Psychology* 6(2) : 91 −100.

Greenhaus, J. , & Beutell, N. 1985. "Sources of Conflict Between Work and Family Roles. "*Academy of Management Review* 10(1) : 76 −88.

Gustaffson, S. , Wetzels, C. , Vlasblom, J. , Dex, S. 1996. "Women's Labour Force Participation in Connection with Childbirth: A Panel Comparison Between Germany, Sweden and Great Britain. "*Journal of Population Economics* 9(3) : 223 −246.

Hall, D. T. 1987. "Careers and Socialization. "*Journal of Management* 13(2) : 301 −321.

Henning, M. , Gatermann, D. , Hägglund, A. E. 2012. "Pros and Cons of Family Policies for Mothers' Labour Market Participation. " *International Journal of Sociology and Social Policy* 32(9/10) : 502 ~512.

Hofferth, S. L. 1996. "Effects of Public and Private Policies on Working after Childbirth. "*Work and Occupation* 23(4) : 378 −404.

Hofferth, S. L. , Curtin. S. C. 2006. "Parental Leave Statutes and Maternal Return to Work after Childbirth in the United States. "*Work and Occupations* 33(1) : 73 −105.

Hook, J. L. 2010. "Gender Inequality in the Welfare States: Sex Segregation in Housework, 1965 − 2003. "*American Journal of Sociology* 115(5) : 1480 − 1523.

Jewell, J. P. 2016. "Perceptions of Mothers' Work Choices. "*Journal of Management and Strategy* 7(1) : 1 −9.

Jia, N. , Dong, X. Y. 2013. "Economic Transition and the Motherhood Wage Penalty in Urban China: Investigation Using Panel Data. " *Cambridge Journal of Economics* 37: 819 — 843.

Joesch, J. M. 1994. "Children and the Timing of Women's Paid Work after Childbirth: a Further Specification of the Relationship. " *Journal of Marriage and the Family* 56(2): 429 −440.

Johns, M. W. 2013. "EU Work − Family Policy—Challenging Parental Roles of Reinforcing Gendered Stereotypes? " *Law Journal* 19(5).

Joshi, H. , Paci, P. , & Walfogel, J. 1999. "The Wage of Motherhood: Better or Worse? " *Cambridge Journal of Economics* 23(5): 543 −564.

Klerman, J. A. , Leibowitz, A. 1994. "The Work − Employment Destinction among Mothers of Very Young Children. " *Journal of Human Resources* (29): 277 −303.

Kranz, F. D, Lacuesta, A. , & Planas, N. R. 2010. "Chutes and Ladders: Dual Tracks and Motherhood Dip(Z). " *Discussion Paper*(5403). IZA, Bonn.

Lehrer, E. , Nerlove, M. 1986. "Female Labor Force Behavior and Fertility in the United States. " *Annual Review of Sociology* 12(1): 181 −204.

Lewis, J. 1997. "Gender and Welfare Regimes: Further Thoughts. " *Social Politics* 4(2).

Li, P. S. , Currie, D. 1992. "Gender Differences in Work Interruptions as Unequal Effects of Marriage and Childrearing: Findings from a Canadian National Survey. " *Journal of Comparative Family Studies* 23(2): 217 −230.

Lippe, T. V. D. , & Dijk, L. V. 2002. "Comparative Research on Women's Employment. " *Annual Review of Sociology* (28): 221 −241.

Lloyd, C. 1995. "Understanding Social Support within the Context of Theory and Research on the Relationship of Life Stress and Mental Health. " In

T. S. Brugha (Ed), *Social Support and Psychiatric Disorder. Cambridge, UK: Cambridge University Press*: pp. 41 −60.

Loft, L. T. G. , Hogan, D. 2014. "Does Care Matter? Care Capital and Mothers' Time to Paid Employment. "*Journal of Population Research* 31 (3): 237 −252.

Ma, L. 2014. "Economic Crisis and Women's Labor Force Return after Childbirth: Evidence from South Korea. "*Demographic Research* 31 (18): 511 −552.

Mandel, H. Semyonov, M. 2006. "A Welfare State Paradox: State Interventions and Women's Employment Opportunities in 22 Countries. . "*American Journal of Sociology* 111(6): 1910 −1949.

Martin, D. G. , Solera, C. 2013. "Do Women in Female −dominated Occupations Exit the Labour Market More?: Evidence from Italy, Spain, Denmark and the UK. "*Population Review* 52(1): 171 −191.

Masaru, S. 2002. "The Causal Effect of Family Structure on Labor Force Participation among Japanese Married Women. "*The Journal of Human Resources* 37(2): 429 −440.

Mavromaras, K. G. , & Rudolph, H. 1997. "Wage Discrimination in the Re-employment Process. "*The Journal of Human Resources* 32(4): 812 −860.

OECD. 2009. Incidence of Part −time Employment, from Organisation for Economic Co −operation and Development(OECD) Family Database Indicators, LMF1. 6 Gender Differences in Employment Outcomes. http://www. oecd. org/social/family/database.

Oishi, A. S. , Oshio, T. 2004. "Coresidence with Parents and a Wife's Decision to Work in Japan. "*The Japanese Journal of Social Security Policy* (5): 35 −48.

Omori, M. 2003. Women's Intermittent Labor Force Participation and Occupational Mobility. University of South Carolina, pp. 1 −120.

Pacelli, L. , Pasqua, S. , & Villosio, C. 2013. "Labor Market Penalties for Mothers in Italy. "*Journal of Lobor Research* 34(4): 408 −432.

Perrons, D. 1999. "Flexible Working Patterns and Equal Opportunities in the European Union. " *The European Journal of Women's Studies* 6(4): 391 − 418.

Perry, S. 1988. "Downward Occupational Mobility and Part −time Workers. " *Applied Economics* 20(4): 485 −495.

Petersen, T. 2014. "From Motherhood Penalties to Husband Premia: the New Challenge for Gender Equality and Family Policy, Lessons from Norway. "*American Journal of Sociology* 119(5): 1434 −1472.

Piore, M. J. 1976. "The Dual Labor Market: Theory and Implications. " In David B. Grusky, ed. *Social Stratification: Class, Race, and Gender in Sociological Perspective*. Boulder: Westview Press, pp. 435438.

Rahim, F. 2014. "Work −Family Attitudes and Career Interruptions Due to Childbirth. "*Reviews of Economics of the Household* (12): 177 −205.

Roeters, A. , & Craig, L. 2014. "Part −Time Work, Women's Work −Life Conflict, and Job Satisfaction: A Cross −National Comparison of Australia, the Netherlands, Germany, Sweden, and the United Kingdom. "*International Journal of Comparative Sociology* 55(3): 185 −203.

Sani, G. M. D. 2014. "Men's Employment Hours and Time on Domestic Chores in European Countries. "*Journal of Family Issues* 35(8): 1023 − 1047.

Scanzoni, J. 1979. "Social Process and Power in Families. " In *Contemporary Theories about the Family*. New York: Free Press, pp. 295 −316.

Smeaton, D. 2006. "Work Return Rates after Childbirth in the UK −

Trends, Determinants and Implications: A Comparison of Cohorts Born in 1958 and 1970. "*Work, Employment and Society* 20(1): 5 −25.

Smith. R. S. 1979. "Compensating Wage Differentials and Public Policy: A Review. "*Industrial and Labor Relations Review* 32(3): 339 −352.

Stier, H. , Lewin, E. N. , Braum, M. 2001. "Welfare Regimes, Family − Supportive Policies, and Women's Employment along the Life − course. " *American Journal of Sociology* 106(6): 1731 −1760.

Sullivan, C. , & Lewis, S. 2001. "Home −Based Telework, Gender, and the Synchronization of Work and Family: Perspective of Teleworkers and Their Co −Residents. "*Gender, Work and Organization* 8(2): 123 −145.

Taniguchi, H. 1999. "The Timing of Childbearing and Women's Wages. " *Journal of Marriage and Family* 61(4): 1008 −1019.

Tharenou, P. , Latimer, S. , & Conroy, D. 1994. "How do You Make it to the Top? An Examination of Influences on Women's and Men's Managerial Advancement. "*The Academy of Management Journal* 37(4): 899 −931.

Tomeh, & Gallant. 1984. "Familial Sex Role Attitudes: a French Sample. " *Journal of Comparative Family Studies* 15(3): 389 −405.

Velsor, V. E. , O'rand, M, A. 1984. "Family Life Cycle, Work Career Patterns, and Women's Wages Midlife. "*Journal of Marriage and Family* 46(2): 365 −373.

Vinkenburg. C. J. , Van, E. M. L. , Coffeng, J. , Dikkers. J. S. E. 2012. "Bias in Employment Decisions about Mothers and Fathers: the (DIS) Advantages of Sharing Care Responsibilities. "*Journal of Social Issues* 68(4): 725 − 741.

Voicu, M. , Bogdan, V. B. , Strpcova, K. 2009. "Housework and Gender Inequality in European Countries. "*European Sociological Review* 25(3): 365 −377.

Williams, J. E. , & Best, D. L. 1990. *Measuring Sex Stereotypes: A Multi − Nation Study.* Newbury Park, C. A. : Sage Publications.

Wolf, W. C. , & Rosenfeld, R. 1978. "Sex Structure of Occupations and Job Mobility. " *Social Forces* 56(3) : 823 −844.

附　录

附录 A　访谈提纲

A1. 全职妈妈座谈会提纲

一、基本情况

1. 个人基本情况：年龄、婚姻状况、受教育程度、就业和职业经历（第一份工作；目前的工作和单位；换工作的次数）。

2. 家庭情况：丈夫基本情况（职业、收入等）、孩子情况。

二、对生育政策调整完善与妇女就业的看法

1. 对生育两孩有什么看法：愿不愿意生二孩？不愿生的原因是什么？

2. 是否认为生育尤其是生育二孩对就业产生不利影响（找工作、升职等）？

3. 对做全职妈妈与职业妇女二者之间的选择怎么看：是自愿还是被迫？是否还想出去找工作？对未来的就业和职业发展有何期待？

三、对生育政策调整完善及配套政策的看法

1. 对生育保险制度改革的看法：

● 对产假时间和产假工资有什么期待？

● 有无必要设立配偶护理假或者男性产假？护理假的时间多长？

● 对哺乳时间和哺乳设施的看法？

2. 如何解决孩子照看问题：

● 孩子谁来照看、照看有没有困难？

● 认为有无必要建立托儿所，建立什么样的托儿所（性质、地点、价格、条件）？你愿意送吗？为什么？

3. 为了使妇女既能按政策生育，又能不影响工作，您认为国家、用人单位、家庭应该怎么做？

4. 在生育与就业方面，目前最需要的帮助或支持是什么？

A2. 子女已婚人员座谈会提纲

一、子女已婚人员基本情况

基本情况：年龄、受教育情况、就业情况、居住情况（是否与孩子同住）、照顾子女情况（是否给子女做家务、照顾孙子女）

二、对生育与妇女就业的看法

1. 对于生育两孩有什么看法（愿不愿意让生二孩）？不愿让子女生两孩的原因有哪些？

2. 是否认为生育尤其是生育两孩对妇女就业产生不利影响（找工作、升职等）？对子女生育与就业提供的支持有哪些？

三、对生育政策调整完善配套政策的看法

1. 对生育保险制度改革的看法：

● 对产假时间和产假工资有什么期待？

● 有无必要设立配偶护理假或者男性产假？护理假的时间多长？

● 对哺乳时间和哺乳设施的看法？

2. 如何解决孩子照看问题：

● 孩子谁来照看、照看有没有困难？

● 认为有无必要建立托儿所，建立什么样的托儿所（性质、地点、价格、条件）？你愿意送吗？为什么？

3. 为了使妇女既能按政策生育，又能不影响工作，您认为国家、用人单位、家庭应该怎么做？

4. 在子女生育与就业方面，目前最需要的帮助或支持是什么？

A3. 用人单位座谈会提纲

一、单位基本状况

1. 单位的性质、规模、女职工的数量及所占比例。

2. 女职工队伍的整体状况：在单位内部的岗位分布、年龄结构，已经生育二孩和打算生育二孩情况。

二、对生育政策调整完善与妇女就业的看法

1. 对女职工生育与就业和职业发展的看法：生育尤其是生育二孩是否对女职工就业和职业发展产生不利影响？

2. 单位对女职工生育尤其是生育二孩的看法：是否增加了单位的用工成本？如何解决？

3. 国家应该采取哪些政策措施来对雇用女职工的用人单位进行激励与补偿？

三、对生育政策调整完善配套政策的看法

1. 对生育保险制度的看法：

- 对生育保险与医疗保险合并实施的看法；
- 对产假时间长短和产假工资来源的看法；
- 对哺乳假和育儿假的看法，单位有没有必要提供哺乳设施；
- 对配偶陪护假或男性产假必要性的看法及建议。

2. 对托幼设施的看法：

- 国家是否有必要建立适合 1~3 岁孩子的托儿所？
- 适合 1~3 岁孩子的托儿所应当符合哪些条件（比如公办还是民办，地点、价格及服务等）？

3. 为了使妇女既能按政策生育，又能不影响工作，您认为国家、用人单位、家庭应该怎么做？

A4. 决策部门座谈会提纲

一、生育政策调整完善的最新进展及女职工生育和就业权益保障状况

1. 生育政策调整完善的相关配套措施出台情况。

2. 生育保险制度及执行情况：有关生育保险的相关政策规定（产假及产假津贴、哺乳时间及设施），是否提供配偶护理假及津贴。

3. 针对 1～3 岁幼儿的托幼机构情况。

4. 在消除劳动力市场上的就业性别歧视方面的法规政策规定及实际做法。

二、对生育政策调整完善与妇女就业的看法

1. 影响选择是否生育二孩的主要原因是什么？

2. 生育政策的调整完善对妇女就业和职业发展有没有不利影响？（如用人单位更不愿雇用女职工，女职工的培训、晋升机会更少）

三、对生育政策调整完善相关配套政策措施的建议

1. 对进一步完善生育保险制度的看法：

● 生育保险作为一个独立险种的必要性。

● 产假时间及产假津贴来源。

● 配偶护理假必要性及时间。

2. 对建立针对 1～3 岁幼儿的托儿所的看法：

● 建立 1～3 岁幼儿的托幼机构是否必要和可行？

● 政府相关部门应该提供哪些支持？

● 建立以社区为依托的公办日托机构是否可行？

3. 为减轻企业负担、减少用工成本，推动企业为女职工提供平等的就业机会，政府应当为企业提供什么样的政策支持？

4. 对生育政策调整完善的相关配套的政策措施还有哪些建议？

A5. （一孩）妇女个人访谈提纲

一、个人和家庭基本情况

1. 个人基本情况：年龄、受教育程度、婚姻状况、是否独生子女、就业状况（第一份工作、目前工作和单位性质、换工作的次数）。

2. 家庭基本情况：配偶（年龄、受教育程度、是否独生子女、就业状况、收入）。

子女（性别、年龄、是否上托幼机构或者上学）。

二、生育与就业的经历

1. 生育孩子时的年龄？是否因为生育的原因从单位辞职（主动还是被动）？或在生育前后是否有过半年以上不工作也没有劳动收入的情况？

2. 生育保险待遇享有情况（产假天数、产假工资、哺乳时间、单位是否提供哺乳条件）？配偶是否享有护理假及津贴？

3. 生育和孩子照顾对于自己的就业和职业发展是否有影响？目前工作的单位性质、职业、岗位、收入情况。生育后重返劳动力市场，工作、岗位与收入是否有变化？在劳动力市场上是否面临更大就业歧视，在单位获得的培训、晋升机会更少？

三、生育与孩子照顾情况

1. 孩子3岁以前主要由谁照顾？是否与老人同住？是否存在孩子照顾的问题？是如何应对的？家务劳动承担的情况？

2. 是否有意愿再生一个孩子，想生和不想生的原因是什么？其他家庭成员的看法是否一致？如果不一致怎么办？

3. 是否因为再生孩子而选择不就业或者牺牲职业发展机会？

4. 如果生育二孩，是否会存在孩子照顾的困难，打算如何解决？

四、对生育政策调整配套政策的需求

1. 在生育与就业方面，目前最需要的帮助或支持是什么？

2. 对生育保险制度改革的需求：

● 对产假时间和产假工资有什么期待？

● 是否希望设立配偶护理假？

● 配偶护理假的时间和待遇？

● 对哺乳时间和单位提供哺乳设施有哪些建议？

3. 对托儿所的需求：

● 是否愿意将 1～3 岁的孩子送到托儿所？

● 对托儿所有哪些要求（比如公办还是民办，对地点、价格及条件有哪些要求）？

4. 对国家在保障妇女平等就业权利、创造公平就业环境方面有哪些建议？

A6.（二孩）妇女个人访谈提纲

一、个人和家庭基本情况

1. 个人基本情况：年龄、受教育程度、婚姻状况、是否独生子女、就业状况（第一份工作、目前工作和单位性质、换工作的次数）。

2. 家庭基本情况：配偶情况（年龄、受教育程度、是否独生子女、就业状况、收入）；子女情况（性别、年龄、是否上托幼机构或者上学）。

二、生育与就业的经历

（一）生育第一个孩子的情况

1. 生育第一个孩子时的年龄？是否因为生育的原因从单位辞职（主动还是被动）？或在生育前后是否有过半年以上不工作也没有劳动收入的情况（正常产假除外）？

2. 生育保险待遇享有情况（产假天数、产假工资、哺乳时间、单位是否提供哺乳条件)？配偶是否享有护理假及津贴？

3. 孩子 3 岁以前主要由谁照顾？是否与老人同住？是否存在孩子照顾的问题？是如何应对的？家务劳动承担的情况？

4. 生育和孩子照顾对于自己的就业和职业发展是否有影响？目前工作的单位性质、职业、岗位、收入情况。生育后重返劳动力市场，工作、岗位与收入是否有变化？在劳动力市场上是否面临更大就业歧视，在单位获得的培训、晋升机会更少？

（二）生育第二个孩子的情况

1. 生育第二个孩子时的年龄？生育第二个孩子的原因是什么？生第二个孩子时是否会顾虑影响就业和职业发展机会？

2. 是否因为生育二孩的原因从单位辞职（主动还是被动）？或在生育前后是否有过半年以上不工作也没有劳动收入的情况（正常产假除外）？单位是怎么看待生育二孩的，是否会设置一些障碍？

3. 生育保险待遇享有情况（产假天数、产假工资、哺乳时间、单位是否提供哺乳条件)？配偶是否享有护理假及津贴？

4. 第二个孩子 3 岁以前主要由谁照顾？是否与老人同住？是否存在孩子照顾的问题？是如何应对的？家务劳动承担的情况？

5. 生育和孩子照顾对于自己的就业和职业发展是否有影响？目前工作的单位性质、职业、岗位、收入情况。生育后重返劳动力市场，工作、岗位与收入是否有变化？在劳动力市场上是否面临更大就业歧视，在单位获得的培训、晋升机会更少？

三、对生育政策调整配套政策的需求

1. 对生育保险制度改革的需求：

• 对产假时间和产假工资有什么期待？

• 是否希望设立配偶护理假？

• 配偶护理假的时间和待遇？

- 对哺乳时间和单位提供哺乳设施有哪些建议？

2. 对托儿所的需求：

- 是否愿意将 1~3 岁的孩子送到托儿所？

- 对托儿所有哪些要求（比如公办还是民办，地点、价格及条件等有哪些要求）？

3. 对国家在保障妇女平等就业权利、创造公平就业环境方面有哪些建议？

A7. （一孩）家庭成员访谈提纲

一、个人基本情况

与被访妇女的关系，年龄、受教育程度、就业和职业状况、收入水平等。

二、家庭成员参与家务和孩子照顾情况

1. 家里谁在料理家务和照顾孩子方面付出的比较多，其他家庭成员参与照顾的情况如何？

2. 您认为被访妇女是否因为照顾家庭而影响了就业和职业发展（劳动力市场上更受歧视、单位培训、晋升机会更少）？

三、对生育二孩的看法

1. 是否希望生育二孩，为什么？家庭成员之间看法是否一致？如果不一致怎么办？

2. 如果生育二孩，家庭成员会给妇女提供什么样的支持和帮助？是希望妇女辞职回家当家庭主妇还是支持她继续工作？

3. 如果生育二孩，孩子照顾的问题如何解决？

四、对生育政策调整配套政策的需求

1. 对生育保险制度改革的需求：

- 对产假时间和产假工资有什么期待？

- 是否希望设立配偶护理假？

- 配偶护理假的时间和待遇？

- 对哺乳时间和单位提供哺乳设施有哪些建议？

2. 对托儿所的需求：

- 是否愿意将 1~3 岁的孩子送到托儿所？

- 对托儿所有哪些要求（比如公办还是民办，对地点、价格及条件等有哪些要求）？

3. 对国家在保障妇女平等就业权利、创造公平就业环境方面有哪些建议？

A8. （二孩）家庭成员访谈提纲

一、个人基本情况

与被访妇女的关系，年龄、受教育程度、就业和职业状况、收入水平等。

二、关于生育二孩情况

1. 当初为什么想要第二个孩子？家庭成员之间关于生育二孩的看法是否一致？最后如何达成一致的？

2. 您认为被访妇女是否因为照顾家庭尤其是生育二孩而影响了就业和职业发展（劳动力市场上更受歧视、单位培训、晋升机会更少）？

三、关于家务和孩子照顾情况

1. 家里谁在料理家务和照顾孩子方面付出的比较多，其他家庭成员参与照顾的情况如何？

2. 在照顾孩子方面是否存在问题和困难，是如何应对的？

四、对生育政策调整配套政策的需求

1. 对生育保险制度改革的需求：

- 对产假时间和产假工资有什么期待？

- 是否希望设立配偶护理假？
- 配偶护理假的时间和待遇？
- 对哺乳时间和单位提供哺乳设施有哪些建议？

2. 对托儿所的需求：

- 是否愿意将 1～3 岁的孩子送到托儿所？
- 对托儿所有哪些要求（比如公办还是民办，对地点、价格及条件等有哪些要求）？

3. 对国家在保障妇女平等就业权利、创造公平就业环境方面有哪些建议？

附录 B　访谈对象的基本情况

编号	被访者	年龄（岁）	文化程度	目前就业单位类型	职业	家庭情况
1	陈女士	33	大专		全职妈妈	子女情况：儿子，2 岁多 丈夫与父母情况：丈夫在批发市场卖小百货；婆婆在社区看车棚，家庭经济状况一般
2	叶女士	21	职专		全职妈妈	子女情况：女儿，9 个半月 丈夫与父母情况：丈夫为快递小哥，婆婆退休后仍在继续工作
3	袁女士	33	初中		全职妈妈	子女情况：女儿 10 岁（患有自闭症，智力受限），儿子 1 岁 5 个月 丈夫与父母情况：丈夫在国家电网下属单位工作，收入较稳定；婆婆身体不好，收入一般；女儿上学之前主要由娘家母亲照顾。
4	方女士	31	本科		全职妈妈	子女情况：儿子，2 岁 丈夫与父母情况：丈夫为化工厂技术员，工作较稳定；公公婆婆因身体状况等原因无法帮助照顾 2 岁儿子的起居
5	谢女士	38	本科		全职妈妈	子女情况：大女儿 5 岁，小女儿 1 岁 3 个月 丈夫与父母情况：丈夫在企业做手机通信工作；公公婆婆有退休金，婆婆退休后继续做兼职工作（会计），腿脚不好
6	李女士	38	大专		全职妈妈	子女情况：女儿 7 岁，二孩孕育中 丈夫与父母情况：丈夫有稳定工作；双方父母身体都不好，无法帮忙照顾孩子

续表

编号	被访者	年龄（岁）	文化程度	目前就业单位类型	职业	家庭情况
7	钟女士	36	高中		全职妈妈	子女情况：大女儿13岁，小女儿2岁多 丈夫与父母情况：丈夫为个体经营，做小生意；与公公婆婆不同住，平时可帮忙照顾孩子
8	王女士	29	大专		全职妈妈	子女情况：儿子，2岁多 丈夫与父母情况：丈夫有稳定工作；婆婆帮忙照顾孩子；打算孩子上小学后重返职场
9	马女士	33	高中	个体（婚庆行业）	自由职业	子女情况：女儿6岁，二孩孕育中 丈夫与父母情况：丈夫创业（教育领域）；双方父母均有退休金，可以帮忙照顾孩子
10	房女士	36	职专	私企（保健行业）	临时工	子女情况：儿子，10岁 丈夫与父母情况：丈夫在交通部门工作；公公退休，患有严重糖尿病，婆婆患高血压，与老人住在一起
11	叶女士	31	初中	个体（小百货批发）	自由职业	子女情况：儿子9岁，女儿3岁 丈夫与父母情况：丈夫在批发市场经营小百货，与公公婆婆同住，老人身体健康，帮忙做家务、照顾孩子
12	范女士	34	大专	个体（房产中介）	自由职业	子女情况：大儿子8岁，小儿子3岁 丈夫与父母情况：丈夫做个体经营；老人已去世；自己照顾孩子
13	朱女士	31	本科	个体（服装店）	自由职业	子女情况：儿子4岁多，二孩孕育中 丈夫与父母情况：丈夫做个体经营；婆婆已去世；娘家母亲年轻但身体不好
14	王女士	37	本科	党政机关	公务员	子女情况：儿子9岁，二孩孕育中 丈夫与父母情况：丈夫在私企做基建工作，长年驻扎外地，婚后一直两地分居；与老人同住，老人身体健康，有退休金
15	许女士	34	博士	事业单位	医生	子女情况：儿子，4岁多 丈夫与父母情况：丈夫同为医生；娘家母亲帮忙照顾孩子

续表

编号	被访者	年龄（岁）	文化程度	目前就业单位类型	职业	家庭情况
16	李女士	30	本科	国企	银行大堂经理	子女情况：儿子，2岁 丈夫与父母情况：丈夫在投资理财公司工作（私企）；儿子日常起居主要由娘家母亲照顾
17	梅女士	35	专科	社区	社区党建	子女情况：女儿13岁，儿子5岁 丈夫与父母情况：丈夫做小生意；公公婆婆帮忙接送照顾孩子
18	李女士	28	本科	社区	社区网络员	子女情况：儿子，4岁 丈夫与父母情况：公公婆婆帮助接送孩子，身体状况一般
19	张女士	32	本科	事业单位	小学教师	子女情况：大儿子4岁，小儿子8个月 丈夫与父母情况：丈夫自己做小生意；父母均有退休金，大儿子主要由娘家母亲照顾，小儿子主要由婆婆帮忙照看
20	张女士	34	本科	党政机关	公务员	子女情况：儿子，3岁多 丈夫与父母情况：丈夫为大学教师；与公公婆婆同住；有二孩生育意愿
21	姜女士	34	博士	事业单位	医生	子女情况：大女儿3岁多，小女儿4个月 丈夫与父母情况：丈夫同为医生；与公公婆婆同住，帮忙照顾两个孩子
22	高女士	40	本科	社区	社区工作	子女情况：女儿，3岁多 丈夫与父母情况：丈夫在行政机关上班；娘家父母负责接送孩子
23	刘女士	34	硕士	事业单位	中学教师	子女情况：女儿4岁多，二孩孕育中 丈夫与父母情况：丈夫同为中学教师，公公婆婆去世，目前与娘家母亲同住。

附录 C 子女已婚人员座谈会参与人员基本情况

编号	被访者	年龄（岁）	家庭情况
1	张先生	61	子女情况：儿子，33 岁，中学管理人员，月收入 5000～6000 元；儿媳 31 岁，电视台编导，月收入 7000～8000 元 孙子女情况：孙子，4 岁
2	赵女士	75	子女情况：女儿，43 岁，有稳定工作；儿子 35 岁，在外地工作 孙子女情况：2 个孙女，分别是 13 岁和 8 岁
3	李先生	71	子女情况：2 个儿子，均为公交公司司机；2 个儿媳目前打工 孙子女情况：2 个孙子，1 个在读高中，1 个在读初中
4	赵女士	68	子女情况：儿子，40 岁，在企业上班，三班倒；儿媳 38 岁，在售楼处上班 孙子女情况：1 个孙子，11 岁
5	薛女士	62	子女情况：儿子，38 岁，儿媳 34 岁，均为临时工，收入不稳定 孙子女情况：1 个孙子，12 岁
6	王女士	64	子女情况：儿子，37 岁，临时工，工作不稳定 孙子女情况：1 个孙子，9 岁，上小学三年级
7	胡先生	60	子女情况：儿子，34 岁，保健品公司员工，儿媳在私企工作 孙子女情况：1 个孙子，2 个月
8	战女士	61	子女情况：儿子，33 岁，在企业上班；儿媳做小生意 孙子女情况：1 个孙子，9 岁

附录 D　被访女性家庭成员的基本情况

编号	被访者	年龄（岁）	文化程度	目前就业单位类型	职业	子女情况
1	张先生	34	本科	事业单位	一般工作人员	大女儿 7 岁，小女儿 1 岁多
2	吕先生	35	硕士	事业单位	中学教师	女儿 4 岁多，二孩孕育中
3	姜先生	34	博士	事业单位	医生	大女儿 3 岁多，小女儿 4 个月
4	许先生	34	博士	事业单位	医生	儿子，4 岁多
5	刘先生	36	大专	国企	技术员	女儿 10 岁，儿子 1 岁多
6	赵先生	38	大专	—	个体经营	女儿 13 岁，儿子 5 岁

附录 E 用人单位座谈会参与人员基本情况

编号	被访者	单位名称	职务	单位情况
1	郭女士	幼儿园（私立）	园长	共 24 名员工，其中 22 名为女员工，2 名男员工（保安），年龄最小的为 19 岁，最大的约 33 岁
2	王女士	特教学校（公办）	校长	共 33 名教师，其中女教师 24 名，男教师 9 名，平均年龄 43 岁
3	姚女士	幼儿园（公办）	园长	共 80 名员工，除保安、食堂工作人员外，其他 60 多名均为女员工，年龄多在 20~35 岁
4	董女士	某印花公司（外资企业）	负责人	共有约 80 名员工，95% 是女员工
5	王女士	国企（银行）	人力资源专员	约有 30 名员工，年龄在 20~30 岁，女员工比例高
6	王先生	街道办事处	一般工作人员	工作人员 6~7 人，男性比例高一些，年龄在 30~40 岁
7	孟先生	生产制造型企业（民营企业）	负责人	共有 500 多名员工，女员工 166 名，25~40 岁的已婚女员工为 76 人

后　记

　　本书是在我的博士学位论文基础上修改完成的。此时，距离博士学位论文答辩已过去五年多时间，而距离 2014 年去南开大学攻读博士学位已过去 7 年多时间。在这期间，与关注的研究领域密切相关的我国生育政策做出了一系列重大调整。2015 年 10 月 29 日，中共十八届五中全会做出了"全面实施一对夫妇可生育两个孩子政策"的决定。2021 年 6 月，中共中央、国务院印发《关于优化生育政策促进人口长期均衡发展的决定》，实施"三孩"生育政策。为推动优化生育政策落实，降低生育、养育、教育成本，保障生育女性就业权益，国家发展改革委等部门印发了《"十四五"积极应对人口老龄化工程和托育建设实施方案》。2022 年，国家卫生健康委、国家发展改革委等 17 部门联合印发了《关于进一步完善和落实积极生育支持措施的指导意见》。在地方层面，各地也相继出台了延长产假、增加育儿相关假期、发放育儿补助、加强住房保障支持等一系列生育支持配套政策与措施。比如新修订的《北京市人口与计划生育条例》明确规定，按规定生育子女的夫妻，女方除享受国家规定的产假外，享受延长生育假 60 日，男方享受陪产假 15 日；四川攀枝花市《关于促进人力资源聚集的十六条政策措施》规定，对按政策生育二孩、三孩的本地户籍家庭，每孩每月发放 500 元育儿补贴金，直至 3 周岁；《广东省人口与计划生育条例》规定，符合法律法规规定生育子女的夫妻，女方享受 80 日奖励假，男方享受 15 日陪产假，子女三周岁以内父母每年各享受 10 日育儿假；浙江嘉兴出台政策规定，本市户籍的二孩、三孩家庭购买新建商品房，分别最高可得 5 万元、10 万元的购房补贴；等等。上述一系列政策措施的出台，对加快构建普惠托育服务体系、完善生育休假和待遇保障机制、营造生育友好的就业环境、帮助女性平衡工作和家庭关系、促进公平就业和职业发展有重大意义。

当初写作博士学位论文时，全面"二孩"政策刚实施了一年多时间，许多研究结论还有待于继续深化和验证。但为了准确反映当时政策背景下生育对女性职业流动的影响，真实记录生育女性职业流动的心路历程与面临的现实困境，本书在一些观点的呈现上没做大的改动，基本按论文原样出版。同时，在本书即将出版之时，2020 年开展的第四期中国妇女社会地位调查数据仍未正式发布，因此无法利用最新的数据资料来深入探讨这一研究主题。尽管本书存在着数据方面的局限性，但研究结论仍具有较强的启发与现实意义。研究发现，因生育带来的照料负担、经济负担、工作与家庭冲突等问题，影响了女性就业过程中的职业选择、职业地位获得以及职业流动。不过，随着我国全面"三孩"政策的实施以及积极生育措施的完善与落实，生育对女性就业的不利影响必将得到有效消除或缓解（如 2021 年 9 月开始全面推行的课后托管服务有效解决了就业女性育儿过程中面临的课后托管难问题），女性平等就业权益也必将得到充分保障与实现。

本书受到山东省社科理论重点研究基地（济南大学）"新时代社会治理与政策创新"研究基地以及山东省高等学校青创人才引育计划"新时代社会治理与社会政策创新团队"资助，在此特别感谢研究基地与创新团队负责人高功敬教授对本书顺利出版给予的帮助与大力支持！本书也是山东省社科理论重点研究基地（济南大学）"新时代社会治理与政策创新"研究基地、山东省高等学校青创人才引育计划"新时代社会治理与社会政策创新团队"研究成果之一。

在本书即将出版之际，在开展学术研究、收获知识的同时，对我来说，收获更多的是对自己内心境界和人性的锤炼。在此要特别感谢陪我慢慢走过学习与工作时光的所有人！首先以最诚挚的谢意感谢恩师谭琳教授，她严谨的治学态度、渊博的学识、精益求精的作风、一丝不苟的敬业精神、把握学术前沿的敏锐眼光、每一次学术思想的提点都使我受益匪浅！感谢吴帆教授、关信平教授、宣朝庆教授、王思斌教授、李芹教授、高鉴国教授，感谢他们学术上的传道解惑与生活上的随和相待，感谢他们给我树立了最好的学习榜样，鞭策我不断刻苦钻研，求实进取！感谢济南大学政法学院徐庆国书记、梁丽霞教授、高功敬教授对我教学科研工作尤其是攻读博士学位期间给予的殷切关怀、照顾、理解与帮助！

感谢我挚爱的家人！感谢父母给予我最无私的爱与最大的支持和鼓励，谢谢他们在人生路上与我分担辛苦、共享喜乐，让我学会坚强乐观地去面对一切，让我充满勇气去迎接生活中的一个又一个困难与挑战！女儿乖巧懂事，身心健康成长，同样是我学习、工作与生活的最大精神支柱与动力源泉！

特别感谢社会科学文献出版社胡庆英老师在本书编辑出版过程中付出的辛苦劳动与宽容包涵！

在博士学位论文写作与书稿修改完善过程中，我深深体会到了学术研究的不易，也越发感觉到自己的才疏学浅，自己所做的研究还是最基础性的尝试，其中对许多问题的思考还不够成熟，分析还不够深入，因此本书难免存在一些疏漏和不足，在此敬请各位同仁不吝赐教，拨冗斧正！在今后的日子里，我会不断思考探索，继续前行！

张　银

2022 年 11 月

图书在版编目（CIP）数据

生育与女性职业流动 / 张银著. --北京：社会科
学文献出版社，2022.12
（济大社会学丛书）
ISBN 978 - 7 - 5228 - 1177 - 2

Ⅰ.①生… Ⅱ.①张… Ⅲ.①女性 - 生育 - 社会问题
- 研究 - 中国 ②女性 - 职业选择 - 研究 - 中国 Ⅳ.
①D632.1 ②D669.2

中国版本图书馆 CIP 数据核字（2022）第 228115 号

· 济大社会学丛书 ·
生育与女性职业流动

著　　者／张　银

出 版 人／王利民
责任编辑／胡庆英
责任印制／王京美

出　　版／社会科学文献出版社 · 群学出版分社（010）59367002
　　　　　地址：北京市北三环中路甲 29 号院华龙大厦　邮编：100029
　　　　　网址：www.ssap.com.cn
发　　行／社会科学文献出版社（010）59367028
印　　装／三河市东方印刷有限公司

规　　格／开　本：787mm × 1092mm　1/16
　　　　　印　张：14.5　字　数：201 千字
版　　次／2022 年 12 月第 1 版　2022 年 12 月第 1 次印刷
书　　号／ISBN 978 - 7 - 5228 - 1177 - 2
定　　价／98.00 元

读者服务电话：4008918866